DM 14,67/€ 7,50 · SFR 14,00 · ÖS 103,20/€ 7,50 · 1 · C 4701 E

MERIAN

www.merian.de

Brasilien

Rios Strände. Karneval. Grenzenloses São Paulo. Magie und Musik. Naturwunder Pantanal. Apotheke Amazonien. Rodeo im Rinderland. Großer Serviceteil

ISBN 3-7742-6701-4
9 783774 267015 01467

EDITORIAL

Das Klischee von der Traumlandschaft ist schnell zur Hand und verbraucht sich in der Wiederholung. Aber wer einmal auf dem Corcovado unter der Christus-Statue stand und auf Rios Buchten mit dem Zuckerhut blickte, was soll der sagen? Hat was, abgehakt?

Ein Jahr später war ich wieder da und habe am Strand von Rio die Jahrtausendwende gefeiert zwischen begeisterten Cariocas, der Tradition nach in Weiß, die Lilien in die Brandung warfen. Die Favelas weit weg, die opulenten Apartments der Reichen an der Copacabana nah, am Strand der scheinbare Schmelztiegel der Hautfarben. Der Rassismus ist höflich, sagen die Brasilianer.

Wochenlang waren Autoren und Fotografen unterwegs, anders ist Brasilien, größer als Europa ohne Russland, nicht zu erfassen. Bruchstücke also, die sich zu einem Bild formen sollen. Das afrikanische Bahia, Rio, die schlafende Schönheit, die Hauptstadt Brasília, aus vollem Herzen ins Nichts geworfen. Ein blondes, blauäugiges Brasilien im Süden. Das Kindermädchen aus Porto Alegre spricht einen alten Dialekt aus dem Hunsrück. In Amazonien springt Meire, Samabakönigin in Manaus, unbekümmert ins schwarze, tümpelige Wasser des Rio Negro. Sorglosigkeit wird begleitet von ihrer negativen Variante, alles zu dulden, soziale Ungerechtigkeit, Armut, die Gutsherrenart der Grundbesitzer.

Brasilien ist sich selbst genug. Schöne Frauen, viel Platz, São Paulo, Motor des Landes und die nach Mexico City und Tokio drittgrößte Stadt der Welt, der größte Urwald und mit dem Amazonas der längste Fluss Südamerikas. Der gehobene Daumen ist nationales Symbol: *tudo bem*, alles gut. Lieber fröhlich sein als jammern. Alles ist gut.

Ihr

Wolf Thieme, Chefredakteur MERIAN

Eine Reise nach Rio mit MERIAN

In Kooperation mit dem Veranstalter RuppertBrasil und der Fluggesellschaft VARIG verlost MERIAN eine Reise für zwei Personen nach Brasilien inklusive Besuch der Iguaçu-Wasserfälle. Preisfragen unter **www.merian.de**

BMW
TANK
FERNLICHT
ZÜNDUNG

Vor 40 Jahren war die Bedienung eines Autos noch einfach.

JUNG v MATT/Alster
Lehnen Sie sich entspannt im Fahrersitz zurück. | Freuen
alle Komfortfunktionen mit nur einem Knopf. | Erleben Sie,
im Mittelpunkt steht. | Der Fahrer. | Drücken Sie also den
BMW
S/M

Endlich sind wir wieder so weit.
Sie sich über die übersichtliche Anordnung der Fahrfunktionen um das Lenkrad herum.| Bedienen Sie wie vertraut Ihnen iDrive vom ersten Moment an ist.| Genießen Sie, dass hier im Cockpit das Wichtigste Startknopf und beginnen Sie mit der Probefahrt.| Der BMW 7er. Ein neues Auto. Ein neues Fahren.
Der neue BMW 7er
www.bmw.de
0180 2000 220
(12 Pf/Anruf)
BMW
Freude am Fahren

INHALT

CHARAKTERZÜGE

NATURGEWALTEN

VON ALLEN SINNEN

50 Schönheit und Bewegung zählen an Rios Stränden. Perfekt kombiniert vom Surfer an der Praia do Arpoador

84 Je wilder, desto besser. Beim Rodeo sind die bockigsten Pferde die Stars

16 Im Nordosten Brasiliens zeugen barocke Bauwerke wie das Convento São Francisco in Olinda von früherem Reichtum

72 Vorfreude auf drei Tage Tanzen, Feiern, Glücklichsein: Die Sambaschule Viradouro in Rio probt für den Karneval

38 São Paulos Busbahnhof an der Praça da Bandeira: Schlange stehen vor den täglichen Stunden im Stau

Titel: Das Mädchen im Kostüm nahm Fotograf Helmut Teissl beim Karneval in Rio auf. Die Kindergruppen der Sambaschulen feierten ihr Fest

STARS UND SPEKTAKEL

RUBRIKEN

MERIAN-SERVICE-MAGAZIN

Texte: Helmuth Taubald, Rainer Fabian

Antonina Gern, Volleyballer

Der Hamburger Fotografin **Antonina Gern** imponierte an Rios Stränden Copacabana, Ipanema und Leblon vor allem der Bewegungsdrang der Brasilianer. Unter den Joggern, Turnern und Fußballern fand sich jedoch ein Herrenquartett, das vor der täglichen Partie Volleyball Zeit hatte, um mit Gern zu posieren. Schwieriger war Gerns Umgang mit den hübschen Cariocas: Allzu oft haben sich die Strandschönheiten in Pin-up- und Pornomagazinen wieder gefunden. Erst ein Blick auf die Web-Page **www.merian.de** überzeugte die Fotografierten – von denen einige bereits Model-Verträge abgeschlossen hatten – von der Seriosität der MERIAN-Mitarbeiterin. Für Autor **Jens Glüsing** war die Recherche ein Heimspiel. Er lebt seit zehn Jahren in Rio, ist leidenschaftlicher Strandgänger mit fester Clique in Ipanema und beschreibt Freiheiten und Rituale der Sonnensucher aus eigener Erfahrung. (Seite 50)

Matthias Matussek, Sohn Markus

Der Fotoapparat ist wichtigstes Utensil des Ökotouristen – das wurde Autor **Matthias Matussek** schnell klar, als er mit Sohn Markus durch den Pantanal reiste. Das riesige Sumpfland im Grenzgebiet zu Bolivien und Paraguay gehört mit mehr Fischarten als in Europa und mehr Vogelarten als in den USA zu den artenreichsten Naturreservaten der Welt. Um Rekorde, Überschwang und Extreme kreist auch Matusseks einleitender Essay. Brasilien, schreibt er, erhebe die Übertreibung zum Stilprinzip, egal ob im exzessiven Taumel des Karnevals oder in den Tiefen der brasilianischen Bürokratie. (Seite 60, Seite 31)

Christopher Pillitz, Rainer Fabian

Eine Westernstadt mit tropischem Einschlag fanden Autor **Rainer Fabian** und Fotograf **Christopher Pillitz** im Hinterland von São Paulo: Ausgebleichte Bullenschädel an den Haustüren von Barretos, öffentliche Telefone als überdimensionale Stetsons getarnt und Papierkörbe als riesige Cowboystiefel aus Blech. Höhepunkt des *country-life* ist die jährliche Festa do Peão do Barretos, das zweitgrößte Rodeo der Welt. Eine Show, die von 1,5 Millionen Besuchern mit Musik, Tanz und Cachaça brasilianisch ausschweifend gefeiert wird. Ihre Helden: bockende Bullen und störrische Pferde. (Seite 84)

Walter Saller, Helmut Wachter

Der Himmel über São Paulo ist die Straße der Reichen für ihre Helikopter, sagt Autor **Walter Saller**, der für sein Stadtportrait zwei Wochen lang durch die größte Stadt Südamerikas streifte. Nicht auf dem Luftweg, sondern zu Fuß oder – manchmal weniger schnell – mit Bus und Taxi im Stau. Gemeinsam mit dem Fotografen **Helmut Wachter** genoss Saller den Blick auf die Silhouette der Stadt von einem Hubschrauber-Landeplatz im Geschäftsviertel Brooklin. Nur von oben, so der Autor, könne man die Maßlosigkeit dieser Stadt wenigstens im Ansatz begreifen. (Seite 38

Volker Handloik, 40, langjähriger MERIAN-Autor, wurde am 11. November 2001 von Taliban-Kämpfern in Afghanistan erschossen. Er recherchierte dort für die Illustrierte *stern*. Die Redaktion bedauert den sinnlosen Tod eines geschätzten und begabten Kollegen, der für MERIAN zuletzt über Edinburgh und die schwedische Insel Gotland berichtete.

BRASILIEN VERSTEHEN – SCHLÜSSELWÖRTER UND IHRE BEDEUTUNG

tudo acaba em samba: Kaum ein Volk kann das Leiden so wenig leiden wie die Brasilianer. Tragödien? Katastrophen? Tanzend und singend liefen Tausende von Trauergästen dem Sarg eines beliebten Showmasters nach und feierten das Leben: *Alles endet im Samba.*

acabar em pizza: Lieblingswort für das Scheitern. Da wurde ein sensationelles politisches Projekt angekündigt – und was ist daraus geworden? Nichts. Es verlief im Sand wie so vieles in diesem korrupten Land: Es *endet als Pizza.*

Afrobrasilianer feiern die alten Kulte: Eine *candomblé*-Zeremonie in Salvador da Bahia

mau olhado: Wie wehrte sich der Sklave einst gegen die Arroganz des Herrn? Mit Macumba und Candomblé, brasilianischem Vodoo. Von der Sklavenhütte aus warf er den *„Bösen Blick“* – und drüben im Herrenhaus hielt sich der weiße Herr den Bauch vor Schmerzen. Viele glauben noch heute daran.

apelidos: In Brasilien hat jeder einen *Spitznamen*. Kandidaten für ein Bürgermeisteramt heißen etwa: „Kanarienvogel“, „Sandwich" oder „Didi, der Kellner". Im Bundesstaat Minas Gerais gibt es sogar ein Telefonbuch mit Spitznamen. Dort findet man zum Beispiel die Rufnummern von „Yoyó“ (Jojo), „Canoa“ (Einbaum) und „Boate“ (Nachtclub).

morrer na praia: Geschafft! Die Stürme sind überstanden. Das rettende Ufer ist – Gott sei Dank – erreicht. Doch dann war alles umsonst, die Rettung nur Illusion. Wer glaubte, die Stürme überlebt zu haben, ist am Ende doch noch *gestorben am Strand.*

tudo jóia: Im Juwelierladen ist „jóia“ das Schmuckstück, aber auch sonst bedeutet es reines Entzücken: einer der vielen Begriffe, mit denen sich überschwängliche Brasilianer versichern, dass *alles ganz toll* ist.

chato: Wörtlich bedeutet es „Filzlaus“, aber es ist auch der Ausdruck für jemanden, der einem auf den Geist geht: Alles darf der Brasilianer sein, nur nicht chato – *langweilig, humorlos*.

nhenhenhém: Wie es ausgesprochen wird, weiß niemand genau. Bei den Indianern am Amazonas bedeutete *„nheé-nheé-néné“* einst das Geschwätz der Stammesältesten. Heute steht es für das *endlose Palaver* der Abgeordneten im brasilianischen Parlament.

para ingles ver: Brauchen wir wirklich diesen Luxus-Park, den unser Bürgermeister anlegen lassen will? Griechische Marmorstatuen? Importierten Rasen aus Australien? All das ist doch nur für Touristen, Ausländer, Gringos: *für die Augen der Engländer.*

jeitinho: Für alles im Leben findet der gewitzte Brasilianer einen *Dreh*, um die Gesetze zu umgehen. Beispiel: Als die Anschnallpflicht eingeführt wurde, verkauften Händler in Rio T-Shirts mit aufgemaltem Sicherheitsgurt.

programa do indio: Man hat zu nichts Lust. Spazieren gehen? In den Zoo? Die Schwiegermutter besuchen? Bitte nicht! Das ist ja wie das *Freizeitvergnügen des Indianers*. Nicht chic, nicht hip, nicht cool, sondern: öde.

jacarézar: Ein Junge am Regenwaldfluss. Es ist heiß, und so legt er sich mit dem ganzen Körper in den Fluss. Nur der Kopf, auf das Ufer gebettet, ragt noch heraus. Was er da macht? Dasselbe wie das Krokodil (*jacaré*): *krokodilliegen*.

importado: Zauberwort der neunziger Jahre, als die Handelsschranken gefallen waren. All die Dinge aus Japan, aus den USA verströmten eine Aura von Luxus. Selbst Sprache wurde *importiert*: In den Favelas wurden Zwillinge auf die Namen „Sushi“ und „Sashimi“ getauft.

chuva com agua: Ein Wolkenbruch, es schüttet wie aus Kübeln. Genau das ist beliebtes Wortspiel im Land der Regenzeiten: *Regen mit Wasser*.

trem da alegria: Einer aus der Familie hat einen guten Posten ergattert, jetzt sorgt er dafür, dass alle profitieren. Die Frau wird Sekretärin, der Neffe Chauffeur, das Baby – auf dem Papier – persönlicher Berater. Alle schaffen den Sprung auf den *Zug der Freude*.

projeto: Das Haus umbauen, Weltmeister werden, eine Hot-Dog-Bude kaufen: Alles im Leben ist ein *Projekt*, und es gibt niemanden, der keines hat. In der Regel fehlt nur noch das Geld, um es zu verwirklichen.

orgasmozinho: An alles hängen Brasilianer liebevolle bis ironische „-zinhos“. So wird aus dem Horror ein „horrorzinho" (Horrorchen), und aus dem Terror ein „terrorzinho" (Terrorchen). Selbst der Orgasmus kann zu einem „orgasmozinho" werden, aber das ist eine andere Geschichte.

Rainer Fabian

7408 Kilometer Atlantikküste, **4** Mal Fußballweltmeister, **174** indianische Dialekte, **30** Prozent der Bevölkerung sind jünger als fünfzehn Jahre, **5,51 Millionen** Quadratkilometer bewaldete Fläche, **25 544** Quadratkilometer werden jährlich gerodet

Bodenschätze

Bunt und edel

Aquamarine, blau wie der Atlantik an stillen Tagen, Smaragde, Amethyste, dazu Turmaline in allen Farben – Brasilien ist führend beim Export von farbigen Edelsteinen. Legep in Rio bietet Millionen zur Auswahl, vom 5-Kilo-Sack Rosenquarz bis zum geschliffenen Topas. Bezahlt wird nach Gewicht, das Kilo zwischen 0,80 und 200 €. **Legep, Avenida das Americas 16 551, 22790-701 Rio de Janeiro (Recreio dos Bandeirantes), Tel. 0(21) 21-24 37 89 57, www.legep.com.br, Mo-Fr 9-18, Sa -13 Uhr**

Vom Rohling zum Collier: Brasiliens Schmuckindustrie macht 120 Millionen Dollar Jahresumsatz

Öko-Kosmetik: Kayapó-Frauen schätzen Pflanzenfarben

Indianer-Stämme in Gefahr

Rechtlos im eigenen Land

Rund 200 000 Indianer leben in Brasilien. Vor der Entdeckung des Landes 1500 durch die Portugiesen waren es über vier Millionen, einige Forscher gehen sogar von über 30 Millionen Menschen aus. Im Zuge der Kolonialisierung wurden die Indianer von bewaffneten *bandeirantes* aufgespürt, getötet oder versklavt. 300 Jahre später, unter der Militärdiktatur (1964-85), bedrohten groß angelegte Straßenbauprojekte die Ureinwohner. Bauarbeiter schleppten Krankheiten ins Amazonasgebiet, viele Stämme gingen am Alkohol zugrunde. Von den 561 Indianerreservaten Brasiliens haben bislang nur 300 feste Grenzen. Die Stimmung im Land ist auch heute noch nicht durchweg indianerfreundlich, geplant ist eine Verkleinerung der Reservate. Dass zwei Promille der Bevölkerung ein Zehntel des Staatsgebiets bewohnen, halten Brasilianer ohne eigenes Land für ungerecht.

Beeren mit Langzeitwirkung

Der Kick aus dem Urwald

Die belebende Wirkung von Guaraná entdeckten Amazonas-Indianer schon vor Jahrhunderten. Sie trockneten die roten Früchte der Lianenpflanze, verarbeiteten sie zu einer Paste und zerrieben sie an Steinen oder einer rauen Fischzunge. Mit Wasser gemischt trinken Indianer Guaraná noch heute als Aphrodisiakum und zur Steigerung der Konzentration. Der Wirkstoff Guaranin ist eng mit Koffein verwandt, wird aber im Körper langsamer abgebaut, die aufmunternde Wirkung hält länger an. Brasiliens beliebtester Softdrink ist auch deshalb ein Getränk mit Guaraná als Basis.

Guaraná-Beeren werden zu Paste verarbeitet

Neue Wege zu alten Wurzeln

Ahnenforschung

Eine Speichelprobe genügt den Forschern an der Universität von Minas Gerais, um die persönliche Herkunft zu ermitteln. Kosten: rund 500 Euro. Erste Ergebnisse zeigen, dass 97 Prozent der Bevölkerung väterlicherseits von Europäern abstammen und 61 Prozent aller weißen Brasilianer indianische oder afrikanische Frauen unter den Vorfahren haben. Das Aussehen täuscht dabei oft, Hellhäutige können genetisch gesehen schwarz sein. Auch der weiße Präsident Fernando Henrique Cardoso hat einen *pé na cozinha*, einen „Fuß in der Küche“ – also eine schwarze Frau in der Familie.

2 Milliarden Liter Cachaça werden im Jahr gebrannt, **3** Jahre dauerte der Bau von Brasília, **316** TV-Geräte kommen auf 1000 Einwohner, **20** Prozent des Frischwassers der Erde fließen durch den Amazonas, **1281** Tore schoss Pelé in **1363** Spielen

LANCIA
LANCIA LYBRA LX
Leder-Innenausstattung (optional) · Dual Zone-Klimaanlage · Satelliten-Navigationssystem mit
GSM-Telefon (optional) · BOSE® Sound System · 6 Airbags inkl. 2 Window-Airbags
Auf alle Lancia-Modelle erhalten Sie jetzt mit der 2+ Garantie zwei Jahre Gewährleistung ohne Kilometerbegrenzung.
www.lancia.de

LANCIA
LANCIA LYBRA
LANCIA

Foto: Frans Lanting

Gott ist Brasilianer

„Deus é brasileiro“: Eine Redensart voll Stolz und Größenwahn und eine Liebeserklärung. An ein Land, dessen maßlose Schönheit vom Amazonas im Norden bis zu den Pampas-Steppen im Süden reicht

Auf dem Corcovado wacht der steinerne Christus über Rio. Das Denkmal sollte 1922 zum 100. Jahrestag der Unabhängigkeit errichtet werden, doch es fehlte das Geld. Neun Jahre später half der Vatikan aus

Der Rio Negro schlängelt sich durch die riesigen Sumpfwälder Amazoniens. Sein dunkles Wasser ist so nährstoffarm, dass nicht mal Moskitos am Fluss überleben

Foto: Michel Roggo

Unfassbares Grün. Das Amazonas-Gebiet stellt ein Fünftel der Waldfläche auf der Erde

„Eine echte Carioca“ sei sie, sagt Simone aus Rio. Mit den indianischen Vorfahren hat das Großstadtmädchen nur noch das Aussehen gemein

Die Mischung der Farben prägt Mensch und Natur

Bis zu fünf Meter Höhe erreicht die Heliconie im Amazonas-Wald. Das Bananengewächs wird wegen der Form seiner Blütenstände auch „Papageienschnabel“ genannt

Im Norden ersetzen Flüsse die Straßen.
Gereist wird in Hängematten an Deck

Jeden Morgen beladen Arbeiter im Hafen von Manaus die Passagierschiffe mit Proviant. Die nächst gelegene Stadt ist Santarém, 700 Kilometer entfernt, 30 Stunden den Amazonas flussabwärts

Foto: Christian Schroth

Foto: Jacques Jangoux / Peter Arnold

Starke Niederschläge formen Frisch-
wasser-Lagunen in den Dünen des
Nationalparks Lençóis Maranhenses.
Ein Refugium für bedrohte Fische
und Kröten. Besucher sind noch selten

Wüste und Wasserlauf. Die Regenzeit
lässt Gegensätze zur Einheit werden

Ein buntes Volk: Mit 135 verschiedenen Begriffen beschrieben die Brasilianer in den siebziger Jahren ihre Hautfarbe für Volkszählungen – von „geröstetem Weiß" über „Bronze", „Zimtfarben" und „Schokolade" bis zu „fast Schwarz". Heute sind fünf Kategorien festgelegt: weiß, braun, schwarz, *indigena* (indianisch) und gelb

Die Seele eines Landes zeigt sich in seinen Gesichtern

Der Goldrausch beflügelte Kunst und Architektur.
Aus Dörfern wurden Barockstädte

Foto: Conrad Piepenburg

Plötzlicher Reichtum ließ im 18. Jahrhundert im Bundesstaat Minas Gerais Orte wie Tiradentes entstehen. Das Gold von damals schmückt die Altäre in der Kirche Matriz de Santo Antônio

Der weite Platz der drei Gewalten ist das Herzstück Brasílias. Oscar Niemeyer war Chefarchitekt der Stadt, die ab 1957 in nur drei Jahren ins Nichts gebaut wurde. Sie funktioniert als Sitz der Regierung, ist aber nie eine echte Kapitale geworden

Lust am Überschwang

Wahre Schönheit kommt von innen. In Brasilien scheint sie von außen, wird stolz gefeiert und zur Schau gestellt. Diese Ausstrahlung ist die größte Stärke des Landes

Text: Matthias Matussek

Mein Brasilien ist eine Sammlung von Klischees, die alle stimmen, und das ist, auf den ersten Blick, beunruhigend für einen Berufsskeptiker.

Dieses Land ist tatsächlich ein ständiger Karneval, ist die Übertreibung als Stilprinzip. Es hat tatsächlich die besten Fußballspieler der Welt und die schönsten Frauen sowieso. Und nicht selten kommt all das zusammen wie auf jener Wiese vor den Toren Rios, auf der ich den verletzten Fußballstar Ronaldo bei seinem geheimen Wiederaufbautraining beobachten konnte – wer da am Stadionrand zauberte, jonglierte und den Fotografen die Pässe zuspielte, war nicht etwa Ronaldo, sondern seine Frau Milene, eine hinreißend schöne, sympathische Blondine.

Das ist das Hinterhältige an den Brasilien-Klischees: Sie erschlagen durch ihre Wahrheit, und der Widerstand kann zunächst nur darin bestehen, mitzulaufen und zu staunen. Nur wer sich mitreißen lässt, hat die Chance, den Blick hinter die Klischees zu werfen, von denen dieses Land auch sich selber oft hypnotisieren lässt. Man kann von Brasilien schwärmen, man kann es verfluchen – aber reden wie über jedes andere Land, das geht nicht.

Mein Brasilien ist in erster Linie „mein Rio", das die Schönheiten und Abgründe des Landes so unvergleichlich theatralisiert: Diese Sinfonie aus Stränden und Wäldern und Bergen, dieser leichtsinnige Hexenkessel in der Guanabara-Bucht mit seinem Knäuel aus versnobter Ipanema-Schickeria, Favela-Elend und Künstler-Boheme auf dem Santa Teresa-Hügel, dieses Gewimmel, über dem Jesus Christus auf dem Corcovado barmherzig die Arme ausbreitet. An manchen Tagen habe ich das Gefühl, dass diese ausgebreiteten Arme eine lächelnde Ratlosigkeit ausdrücken: Vater im Himmel, was soll ich machen, es sind Cariocas!

Ich gestehe, dass ich Schwierigkeiten habe, eine Stadt ernst zu nehmen, in der man ständig am Strand vorbeikommt. Eine Revolution wird hier nie stattfinden, Rio ist absolut umsturzuntauglich. Nicht, weil die Gründe dafür fehlen würden. Nirgendwo ist das obszöne Nebeneinander von Hütte und Palast so augenfällig, und natürlich ist es ein Skandal, wie ungerecht der Reichtum dieses reichsten aller lateinamerikanischen Länder verteilt ist. Aber in einer Stadt, in der man sich schon mittags die Hosen auszieht, um baden zu gehen, hat der Klassenkampf von vornherein verloren.

Ich zog 1999 hierher, mit Frau und Kind und Schwiegervater. Das heißt: Wir fielen in ein tropisches Barock, und zunächst und zuallererst mittenhinein in eine barocke Bürokratie.

Mein Brasilien ist nicht meins und den Brasilianern gehört es auch nicht. Es gehört den Bürokraten. Die Deutschen haben die Bürokratie vielleicht erfunden – aber die Brasilianer haben daraus eine absurd wuchernde Kunst gemacht. Ich lernte schnell, dass der wichtigste Mann Brasiliens nicht der Präsident ist, sondern der Despachant.

In früheren Zeiten war der Despachant derjenige, der Zugang zum Königshof hatte. Heute ist er derjenige, der den Sachbearbeiter der wesentlich mächtigeren Führerscheinstelle kennt. Oder den der Passbehörde. Oder des Finanzamtes.

Es gibt Millionen Brasilianer, die es nicht gibt, weil sie keine Geburtsurkunde haben – sie können sich keinen Despachanten leisten, der sie durch den üppigen bürokratischen Dschungel führt, neben dem Amazonien eine nette, übersichtliche Parkanlage ist.

Persönlich hatte uns unser Despachant zum Hauptgebäude der Bundespolizei geleitet, wo wir uns, nachdem wir eine bis ins frühe Mittelalter reichende, ausführlich dokumentierte Familiengeschichte vorgelegt hatten, unsere Fingerabdrücke nehmen lassen mussten. Selbst mein damals fünfjähriger Sohn Markus. Er übrigens entledigte sich der Sache mit erstaunlicher Kaltblütigkeit – er grinste sein gangsterhaftes „Ihr-kriegt-mich-nie"-Grinsen und fragte dann erwartungsvoll, ob er nun ins Gefängnis käme.

Nach einigen Tagen rief unser Despachant an. Er war sehr melancholischer Stimmung: Sein guter alter Bekannter in der Steuerbehörde war versetzt worden. Den Neuen müsse er erst kennen lernen, unsere Sache müsse solange ruhen. Er litt. So wurde ein an sich klarer Amtsvorgang zu einer eher unklaren Gemütssache, in der Tagesform, Sympathie und Antipathie eine große Rolle spielten.

Die Angelegenheit streckte sich über Wochen, und allmählich begriff ich: Der Despachant ist die Hauptfigur eines Dramas. Bürokratie ist überall eine finstere Angelegenheit, auch die deutsche Bürokratie ist durchaus absurd und kalt und schwer zu durchdringen. Aber nur das sinnenfrohe, das katholische Brasilien kennt den Despachanten, der stellvertretend leidet und sich freut. Dafür bezahlen wir ihn.

Die Demokratie hat viele Gesichter, und in den Zeitungen des Landes zeigt sie sich bisweilen als Lust an der Verknappung – Brasilianer pflegen eine Manie für Abkürzungen und

Initialen. Funai, Ibama, BNDS, das sind Organisationskürzel, die sich entschlüsseln lassen. Aber FHC? Ich habe eine Zeit gebraucht, um zu verstehen, dass es sich dabei nicht um die Formel für Treibgas handelt, sondern um den Präsidenten der Republik. Und dass die Zeitungen den Platz, den sie mit diesen Abkürzungen auf ihren Titelseiten einsparen, dafür brauchen, um ausführlich über das letzte Spiel von Flamengo berichten zu können, ohne alle Abkürzungen.

Ein Initiationsritus der besonderen Art ist der Karneval. Nicht etwa, weil er die Wahrheit eines weiteren Klischees demonstriert – nämlich, dass in diesem Land tatsächlich jeder tanzen kann – sondern weil er zeigt, wie es über sich selber denkt.

Der Karneval der Jahrtausendwende war dem Thema *Descobrimento* gewidmet, also der 500-jährigen Landesgeschichte seit der Entdeckung durch die Portugiesen. Bekanntermaßen ist ein Deutscher, der über die Vergangenheit und die Geschichte seines Landes spricht, immer ein betroffener, ein umdüsterter, ein demütiger Deutscher. Es gibt gute Gründe dafür: Kaum ein Volk hat im letzten Jahrhundert so viel Unheil angerichtet wie unseres.

Im Vergleich dazu ist die brasilianische Geschichte relativ friedlich – die lusitanische Art der Eroberung ist die Liebe. Doch natürlich hat auch dieses Land seine historischen Schatten, seine Verbrechen, sein Blutvergießen.

In diesem Karneval also hatten die Cariocas vorgeführt, was ihnen zum Thema „500 Jahre Brasilien" eingefallen war. Das zum Beispiel: Auf dem Wagen der Sambaschule Beija Flor kämpfte eine Mulattin gegen vier weiße Vergewaltiger – und gab Fernsehinterviews. Wie sie sich fühle? „Prächtig", lächelte sie. Aber der Kolonialismus, die Leiden der Sklaven, die dunklen Kapitel der Geschichte! – „Dieses Jahr gewinnen wir", sagte die schöne Schwarze. „Wir haben einfach die beste Sambahymne."

In New York wären die Feministinnen Sturm gelaufen, in Berlin wahrscheinlich Bierflaschen geflogen. In der heißen Hexenküche des Sambódromos aber, in den Trommelwirbeln der *baterias,* den Farb-Delirien der Kostüme, schmolz eine verzückte brasilianische Samba-Internationale der Rassen selbst die Schlacke ihrer Geschichte zu purem Rauschgold und malte mit ihren Körpern das Gedicht einer großen Versöhnung in die Straße.

Das Klischee der Oberflächlichkeit? Nirgends stimmt es so sehr wie in Rio. Doch das Geheimnis Rios ist seine Oberfläche – ein Paradox, das besonders für einen Deutschen schwer zu ergründen ist.

Mit unseren Klassikern haben wir gelernt, dass wahre Schönheit von innen kommt – weshalb man wahrscheinlich so wenig davon sieht in unseren Breiten. Wir haben gelernt, Oberfläche und Substanz auseinander zu dividieren, wobei die Substanz – in einem ästhetischen doppelten Rittberger – jede Oberfläche überstrahlt. Wir loben die Innerlichkeit. In Brasilien strahlt die Äußerlichkeit in aller Pracht, und das macht es so angenehm. Die Seele des Landes zeigt sich in den Gesichtern, an den Stränden, in den Cafés. Und eben im Karneval.

Glückliche Nation, dachte ich mir, die den patriotischen Kitsch so wenig hinkriegt wie die politisch korrekte Hysterie. Nicht die amerikanischen Bigotterien zu nationalen Gedenktagen, nicht der alberne Trikoloren-Bombast der Franzosen und nicht die düstere Biederkeit, mit der Deutsche sich erinnern, wenn sie sich erinnern. Brasilien tanzt. Es tanzt sich selbst die Traumata von der kollektiven Seele.

Dass sich der *grito dos excluidas,* der Aufschrei der Unterdrückten, selbst bei politischen Demonstrationen im Alltag oft in einem grito der Lebensfreude auflöst, ist gleichzeitig eine Stärke wie Schwäche der brasilianischen Demokratie.

Zunächst gehört diese Haltung zu den schönen Irritationen für einen Deutschen, der die organisierten Gewerkschafts-Märsche im Wohlstandsstaat gewöhnt ist. Und doch lässt diese Flucht in den Flitter auch das dunklere Unterfutter durchschimmern. Sie verweist nämlich darauf, dass dieses Volk politisch resigniert ist, und dass dessen gewählte Vertreter oft von internen Machtkämpfen und Korruptionsskandalen absorbiert sind.

Dass im zweiten Halbjahr 2001 Energie rationiert werden musste, dass in diesem reichen Land wegen mangelnder Planung der Verantwortlichen buchstäblich der Saft abgedreht wurde, hat die Bevölkerung mit erstaunlicher Ruhe hingenommen, mit einem tiefen Fatalismus.

Doch auch das ist wahr: Wenn die großen Zeitungen des Landes über Selbstbereicherungen und Mogeleien in öffentlichen Ämtern berichten und Politiker zum Rücktritt gezwungen werden, so heißt das auch, dass die öffentliche Kontrolle funktioniert – weit besser als in anderen lateinamerikanischen Ländern.

Der politische Slogan hat in Brasilien keine Chance. Es gibt einen großen Skeptizismus gegenüber den Glücksversprechen der Kandidaten, die sich gerade für die Präsidentschaftswahl positionieren. Ich glaube nicht, dass das nur Ausdruck politischer Apathie ist, sondern einer tieferen Weisheit. Der Spott, die Maske, der Tanz – das sind subversivere Anschläge auf das System als jeder Urnengang.

„Mein Brasilien" besteht aus vielen Ländern in einem einzigen. Die Deutsch sprechenden Gauchos im Süden sind Welten getrennt von den afrikanischen Baianos, und der Amazonas ist ein eigener Kontinent, der den Paulistas so fremd ist wie dem Touristen aus Bonn oder Berlin. Tatsächlich: Was hat der Caboclo Antonio, der auf dem Ver-o-Peso-Markt in Belém potenzsteigernde Kräuter verkauft, mit dem Galeristen in Leblon gemein? Oder der Kautschukzapfer Dau aus Xapuri in Acre, der mit dem Gewerkschaftsführer Chico Mendes gegen die Abholzung des Regenwalds kämpfte, mit dem Banker aus Gavea? Vielleicht nur dieses: Dass sie alle zusammen vor dem Fernseher sitzen, wenn Brasilien gegen Bolivien antritt und nach jedem Tor von Romario gemeinsam in die Luft springen.

Man braucht nur ein paar Autostunden, um Deutschland zu durchqueren, doch man fliegt einen guten Tag, nur um von Rio de Janeiro nach Macapá am Äquator zu kommen. Was ist es für ein Gefühl, frage ich mich manchmal, in einem Riesenland zu leben, dessen Grenzen man nur erahnen kann. Der Atem geht freier, stelle ich mir

***Cidade maravilhosa*, fantastische Stadt, ist der Beiname Rios. Ein Grund dafür ist der Blick vom Corcovado auf den Zuckerhut**

vor, und das Wort von der Globalisierung bekommt einen ganz anderen Zungenschlag, einen fast antikischen: So wie den Griechen die bewohnte Welt als griechisch galt, so ist der Globus den Brasilianern ein durchweg brasilianischer. Das schließt autistische Selbstbezogenheit durchaus ein.

Mir scheint, dass dieses Land erst dabei ist, einen Begriff von der eigenen Größe zu bekommen. Diese Nation könnte selbstbewusster sein, auf eine gesündere Weise. Ihr Selbstgefühl müsste nicht von einem Sieg der brasilianischen Nationalmannschaft abhängen.

Dieses selbstbewusste Brasilien könnte seinen immensen Reichtum an Natur und an Menschen nützen, statt ihn zu verschleudern in der kurzatmigen Ausbeutung durch ein paar wenige, für die Gesetze nicht zu gelten scheinen.

Ich würde mir in diesem Land mehr *compassion*, mehr Mitgefühl für die Machtlosen wünschen. Die ersten zwei Jahre in Brasilien haben genügt, um einen tiefgreifenden Paradigmen-Wechsel in mir zu vollziehen. Ich hatte in Deutschland gelernt, der sozialen Phrase zu misstrauen, die oft als Mittel gut organisierter Interessengruppen eingesetzt wurde, um für ihre Klientel das Gemeinwesen zu schröpfen.

Doch die Wirklichkeit in diesem Lande hat mein Gespür wieder geschärft für die Notwendigkeit des sozialen Protestes. „A luta faz o lei“ – „es ist der Kampf, der die Gesetze macht“, las ich in einem Zeltlager der Landlosen-Bewegung „Sem Terra“ („Ohne Land“). Ich bin von der Wahrheit dieses Slogans überzeugt. Die Sozialgesetzgebung Deutschlands wäre ohne Kämpfe nie errungen worden. Hier sind sie eine Notwendigkeit.

Die brasilianische Eingliederung ins Weltkonzert wird sich beschleunigen in nächster Zeit. Brasilien, dieser stolpernde Gigant, ist dabei, nicht nur wirtschaftlich, sondern auch politisch die Führungsrolle auf dem Kontinent zu übernehmen.

Seine Eigenheiten wird es dabei nie verlieren, hoffentlich. Denn davon leben wir Korrespondenten und die Fotografen unter uns ganz besonders. Sie müssen für jede Story das landestypische Bild liefern. Der Sog zum Klischee, von dem ich eingangs geschrieben habe, ist für sie Berufsalltag.

Streikende französische Lehrer zum Beispiel sollten, so wünschen es sich die Heimat-Redaktionen, möglichst vor dem Eiffelturm abgebildet werden. In diesem Sinne gilt eine Skandal-Geschichte aus Rio de Janeiro nur dann als gut bebildert, wenn der gewissenlose Baulöwe oder der korrupte Provinzpolitiker, um den es geht, an der Copacabana fotografiert wurde, den Zuckerhut im Hintergrund, ein paar Mädchen im Tanga möglichst weiter vorne, vielleicht noch ein paar glücklich kickende Kinder am Strand.

Mein Wunsch für Brasilien? Dass es so bleibt, das mit den Mädchen und den Fußballkünstlern und dem leichtsinnigen Glück am Strand. Was aber den korrupten Baulöwen angeht, den Mafioso, den Politiker, den gewissenlosen Banker – da wäre es schön, wenn dem Fotografen der Job weiterhin erschwert würde. Dass er ihn im Gefängnis besuchen und ein langweiliges Foto vor der kahlen Zellenwand schießen muss.

All die Lebensschönheit und soziale Gerechtigkeit – dann wäre dieses Land tatsächlich das, was der Karnevals-Song der Sambaschule „Imperatriz“ im Jubiläumsjahr 2000 behauptete: ein *paraíso tropical*.

Matthias Matussek, *geboren 1954, lebt als* Spiegel-*Korrespondent in Rio de Janeiro. Er schrieb auch die Reportage über das Naturreservat Pantanal.* *(s. S. 60)*

Idole für eine

PAULO COELHO

Der Ratgeber

Einfachheit ist für Paulo Coelho nicht das Gleiche wie Banalität. Schließlich käme doch auch niemand auf die Idee, sich Schnee farbig zu wünschen und das schlichte Weiß als Beweis für die Fantasielosigkeit der Schöpfung zu werten. Seine Kritiker, sagt Coelho, wollten nur nicht einsehen, dass „wir uns auf einen anderen Literaturstil zubewegen".

Der meist verkaufte Autor Südamerikas steht nicht im Ruf, Hochliteratur zu produzieren. Eher in esoterischer Lauge eingeweichte Erbauungsfabeln mit simplen Botschaften: Geh' deinen Weg! Wenn du etwas wirklich willst, wird das Universum dir helfen! Glaube an deinen Engel! Sprenge deine Ketten!

Variiert in neun Büchern, erschienen seine in Geschichten verpackten Lebensweisheiten bislang 32 Millionen Mal. Sie scheinen demnach genau das zu sein, auf das Menschen in der ganzen Welt warten. Coelho ist der Lieblingsautor von Madonna, Bill Clinton ließ sich mit Coelhos Bestseller „Der Alchimist" fotografieren, Schimon Peres liest ihn und der iranische Präsident Chatami.

Die Schriftstellerei ist nicht seine erste Karriere. In den Siebzigern schrieb Coelho Popsongs und kam unter der brasilianischen Militärdiktatur wegen regimekritischer Texte sogar kurzzeitig ins Gefängnis. 1982 besuchte er das ehemalige Konzentrationslager Dachau bei München und spürte dort, wie er sagt, dass sich sein Leben radikal ändern müsse. Er, der früher mit Drogen und schwarzer Magie experimentierte, trat einem katholischen Geheimorden bei und pilgerte 1986 zur endgültigen Läuterung den Jakobsweg nach Santiago de Compostela entlang. Inzwischen ist Coelho Sonderbeauftragter der Unesco für interkulturellen Dialog.

Er sei, sagt Coelho, auf keinen Fall der Guru, der Magier, als den ihn Besucher seiner elfsprachigen Homepage (paulocoelho.com.br.) um Rat bitten, sondern nur ein „einfacher Schriftsteller", der Omen und Zeichen beachtet. Findet der 1947 geborene Carioca etwa eine weiße Feder in seinem komplett in weiß gehaltenen 380-Quadratmeter-Apartment an der Copacabana, dann beginnt er ein neues Buch. Das schreibt er in zwei Wochen, immer nur nachts. Ganz einfach. *Kathrin Sander*

schönere Welt

Ein Sinnsucher schreibt Bestseller. Ein wohl geformtes Mädchen verändert das Frauenbild. Ein Priester sprengt die Hitparaden, ein Künstler will den Urwald retten, und ein Kämpfer fordert Land: fünf brasilianische Karrieren

GISELE BÜNDCHEN

Das Übermodel

Jeder Schritt, den Gisele Bündchen bei der letzten Modewoche in São Paulo tat, kostete 345 Dollar, das errechnete eine Zeitung aus der Gage des Mannequins. Dabei hatten viele das brasilianische „Übermodel", wie es die Zeitschrift *Veja* nannte, schon abgeschrieben. Trendscouts erklärten, aristokratische Belgierinnen seien jetzt gefragt, klassische europäische Gesichter – nicht diese vor Gesundheit strotzenden, sinnlichen Brasilianerinnen.

Doch in Mailand, Paris und New York werden sie nach wie vor gefeiert, und das ist auch Giseles Verdienst. Ihr Aufstieg zum Weltstar ist Vorbild für junge Mädchen überall in Brasilien. Sie rennen den Agenturen die Türen ein und scheuen sich nicht, mit Silikon nachzuhelfen, wenn die Formen von Natur aus nicht ganz perfekt sind. Früher ließen sich viele Mädchen die Brust verkleinern, heute stehen auch die Brasilianer auf große Busen – das ist der Gisele-Effekt.

Sie selbst hat Silikon nicht nötig: Sie ist deutscher Abstammung und von Natur aus üppiger ausgestattet als die meisten Brasilianerinnen. Ihre Heimatstadt Horizontina liegt tief im Süden. Eine Gegend, in der vor allem die Nachfahren deutscher und italienischer Einwanderer siedeln, und die berühmt ist für ihre schönen Mädchen.

Ihr Entdecker, der Modelscout Dilson Stein, sprach die Dreizehnjährige an, als sie vom Volleyball-Training kam. Damals trug sie zwei Hosen übereinander, weil sie meinte, dass ihre Beine zu dünn seien. Heute lacht sie darüber. Wenn die Laufstegkarriere zu Ende geht, will sie sich eine Farm kaufen, Tiere züchten, schwanger werden – ob von Leonardo DiCaprio, darüber schweigt sie. *Jens Glüsing*

PADRE MARÇELO ROSSI

Die Halleluja-Maschine

Singen, tanzen, hüpfen. Da kommt er aus den Kulissen des Fernsehstudios gestürmt, in der rechten Hand den Rosenkranz, in der linken das Mikrofon, im Schlepp eine jauchzende Horde von Kindern, die mit den Armen winkt – synchron und rhythmisch wie Fans im Fußballstadion. „Yeah, yeah, yeah, Jesus e nosso rei," skandieren sie alle gemeinsam, „Jesus ist unser König!"

Was das ist? Die Kindersendung eines Showmasters? Eine Performance? Der Höhepunkt eines Kirchentages?

Es ist eine Fernsehmesse des Padre Marçelo Rossi. Für ihn selbst ist es „Aerobic des Herrn", für die katholische Kirche Brasiliens das größte Phänomen seit dem unaufhaltsamen Aufstieg der Pfingstsekten in den achtziger Jahren. Zu Padre Marçelo, dem populärsten Prediger der Erneuerungsbewegung der katholischen Kirche („Renovação Carismática") pilgern die Gläubigen heute wie Pop-Star-Groupies zu ihren Idolen. Kein brasilianischer Fernsehsender, keine Talkshow ohne den „Papst der Einschaltquoten". Seine Messen sind Halleluja-Maschinen, schon seine erste CD verkaufte sich 3,5 Millionen Mal, die Pop-Gospels des Padre hört man mittlerweile bei Fußballspielen und Karnevalsbällen.

Der Charme und das Lächeln des 1,94 Meter großen Mannes haben etwas berückend Kindliches, man vertraut ihm und seiner Botschaft. Darin hat er Übung, denn das Vertrauen seines Publikums hatte der heute 35-jährige Marçelo Mendonça Rossi schon früher als Animateur von Kinderfesten geweckt, bevor er sich – Sohn eines Bankangestellten und einer Hausfrau – in den achtziger Jahren entschloss, Geistlicher zu werden.

Vor allem Padre Rossi ist es zu verdanken, dass Hunderttausende wieder in den Schoß der katholischen Kirche zurückgekehrt sind. Zehn Millionen Gläubige bekennen sich heute zu den „Carismáticos", zelebrieren in ihren Gottesdiensten tanzend und singend eine solidarische Brüderlichkeit. 16 Prozent aller Katholiken gehen wieder zu Messe und Abendmahl, „vor Marçelo" waren es nur vier Prozent. „Das Imperium hat zurückgeschlagen", schrieb das Magazin *Istoé*, und „die Waffen des Imperiums waren und sind sehr schlicht." Singen, tanzen, hüpfen. *Rainer Fabian*

JOÃO PEDRO STÉDILE

Der Anführer

Er ist unbeliebt. Bei den Großgrundbesitzern, weil sie um ihre Latifundien fürchten, bei den Unternehmern, weil er sie enteignen will und bei der Regierung, weil er sie verflucht.

Die rund vier Millionen Landlosen aber, von denen Zehntausende mit roten Fahnen durch Brasilien ziehen und Landgüter und Ämter besetzen, die bewundern João Pedro Stédile.

Der Chef der brasilianischen Landlosenbewegung Movimento dos Trabalhadores Rurais sem Terra (MST), 47 Jahre alt, kämpft für mehr Gerechtigkeit bei der Verteilung von Grund und Boden, denn über die Hälfte des brasilianischen Landbesitzes gehört nur zwei Prozent aller Grundbesitzer.

Stédile ist ein Mann aus dem Süden, ein *gaucho* aus Rio Grande do Sul. Sein Großvater wanderte 1897 aus Terragnolo, Südtirol, ein. Der Vater war Kleinbauer: Das Land reichte kaum, um die Familie in Antônio Prado durchzubringen. João schaffte den Sprung auf die Universität von Porto Alegre und kümmerte sich nach seinem Exa-

men als Volkswirt bei der Landwirtschaftskammer um die Genossenschaften. Aus eigener Erfahrung wusste Stédile, wie durch Erbteilung und das Vordringen der Agrarindustrie Kleinbauern von ihrem Land verdrängt wurden und als billige Tagelöhner ihr Auskommen suchen mussten.

Im Januar 1984 – die Militärregierung war am Ende, die Arbeiter von São Paulo gingen auf die Straße – trommelte Stédile Saisonarbeiter aus dem Süden zusammen und gründete mit ihnen die Bewegung der Landlosen. Ihr Ziel: Land in die Hände derer, die es beackern. Über 100 000 Mitglieder zählt MST heute nach eigenen Angaben, die Regierung redet von 40 000.

Stédile beruft sich auf die Verfassung, die festschreibt, dass die Regierung berechtigt ist, Landbesitz zu enteignen, der seine soziale Aufgabe nicht erfüllt. Die Landlosen warten jedoch nicht, bis der Staat handelt. Sie reißen Zäune nieder und besetzen *fazendas*. Mittlerweile pflügen sie in über 80 Kooperativen besetztes Land, das oft blutig erkämpft ist: Seit 1996 starben über 100 Menschen bei den Auseinandersetzungen zwischen Landlosen, Polizei und *fazendeiros*. Politiker zürnen, die Landlosen-Frage sei ein Fass ohne Boden, nie endgültig zu lösen. Stédile aber will erst Ruhe geben, wenn jeder, der will, sein Stück Land besitzt. *Carl D. Goerdeler*

SIRON FRANCO

Der Provokateur

Die frühe Biografie des Siron Franco ist die eines zur Panik verurteilten Menschen. Siron Franco, dreizehntes Kind armer Eltern, wuchs in Goiás Velho auf, ehemals Hauptstadt von Goiás, „Stadt der Geisteskranken" genannt, weil es dort üblich war, dass sich Bürgerfamilien einen *bobo* als Hausangestellten hielten, einen Verrückten. Mit neun Jahren fing Siron an zu zeichnen, kopierte Comics. Als Zwölfjähriger kam er in das Haus von Freunden und erblickte ein Horrorszenario, das er nie vergessen wird: die Opfer eines Massakers.

Das Malen wurde für Siron zum Mittel, sich „von einer unerträglichen Last" zu befreien. Es ist für ihn wie Exorzieren – etwas Körperliches, eine Katharsis, „ein Tanz". Durch das Bestiarium der gemarterten Wesen, die er malend erschafft – Kunstkritiker fühlen sich an die Kreaturen von Francis Bacon erinnert – aber streifen auch die mystischen Tiere der Tropen: Ameisenbär, Schlange und Tapir. Der Tapir, den er immer wieder gezeichnet hat, ist für ihn das Symbol des brasilianischen Underdogs. „Er ist Bewohner des Waldes, und er stirbt aus", sagt der Künstler.

Siron Franco ist ein kritischer Brasilianer, ein politischer Mensch, der in Performance, Installation und Collage die Friedlosigkeit der Welt und seines Landes denunziert. Er rettet in die Kunst, was unrettbar dahin zu sein scheint. Damit der Regenwald symbolisch überlebt, mauert er einen ungeschlachten Dschungel aus Zementbäumen, nennt sein Werk „Requiem für einen Wald".

Um an das Aussterben der Arten zu erinnern, töpfert er eine Herde von Tierskulpturen und lässt sie vor dem brasilianischen Kongress aufmarschieren. In seiner Serie „Fellbilder" markiert er die gemalten Felle von Jaguaren und Ameisenbären mit den Nummern der Kaliber, mit denen sie erschossen wurden.

Sein großräumigstes Werk steht im Bundesstaat Goiás, in einer grünen Steppe: Ein Wald von 500 Stelen aus Beton, jede über zwei Meter hoch, in die indianische Motive eingeritzt wurden. Totems und Fetische aus der Kultur der Ureinwohner sind an ihnen befestigt: Figuren, Masken, Gürteltier-Köpfe.

„Es gibt auf der Welt nur Monumente für tote Soldaten", sagt der Künstler Siron Franco. „Jetzt gibt es auch eines für die toten Indianer". *Rainer Fabian*

Text: Walter Saller, Fotos: Helmut Wachter

Die maßlose Stadt

São Paulo ist ein Experiment

Vom Edifício Itália aus gesehen glitzert die nächtliche Skyline bis zum Horizont. Berühmt für seine wellenförmig geschwungene Fassade ist das Copan, ein Büro- und Wohnhauskomplex des Architekten Oscar Niemeyer

Was wird aus einer Millionen-Metropole, die sich selbst nicht mehr überblickt?

Umsteigen am Bahnhof Estação Sé. Die U-Bahn ist sicher, doch ihr Netz zu dünn: nur drei Linien für über zehn Millionen Menschen

Die Praça da Sé vor der Kathedrale ist São Paulos geographisches Zentrum. Die Altstadt, lange vergessen, wird jetzt neu entdeckt

Wie eine Luftspiegelung erhebt sich São Paulo auf einer Hochebene. Die gläsernen Würfel der Banken, die verspiegelten Zylinder der Autokonzerne, an deren Fassaden das Licht zersplittert, und die eigenwilligen Fronten der Wohnhäuser, deren Form eingefrorenen Wellen, Pyramiden oder Kegeln gleicht – die gesamte Skyline von São Paulo sieht aus, als hätte ein Schwarm wilder Kinder mit der Geometrie gespielt.

Zehn Millionen Einwohner leben in der Stadt. Behauptet die Regierung. Über 20 Millionen, vermuten Bevölkerungsforscher. Den tiefen Graben zwischen den Schätzungen füllen die Nordestinos, kupferfarbene Menschen, deren mongolische Gesichtszüge indianisches Erbe verraten. Hunderttausende von ihnen fliehen Jahr für Jahr vor dem Hunger aus Brasiliens Nordosten. Ihr Ziel und ihre Hoffnung ist São Paulo. Und kein Stadtplan verzeichnet ihre Favelas, die São Paulo umschlingen wie eine Boa ihre Beute.

São Paulo ist das wirtschaftliche Herz Brasiliens. Und die gewaltigste Stadt Südamerikas. Planlos und in alle Richtungen zugleich wälzt sich die Megalopolis. Bis zum Horizont, wo ihre Silhouette mit einem weiten Himmel verschmilzt, der vom Atlantik bis zu den Anden zu reichen scheint. São Paulo wirkt grenzenlos. Und wir sind mittendrin in dem Massiv aus Beton und Grau, das labyrinthische Cañons zerschneiden, auf deren Grund sich Autoschlangen stauen, die nirgendwo hinführen als zu sich selbst.

„*Obstipação*", sagt Julia und meint den kollektiven Stillstand in den Straßenschluchten, der anderswo Rushhour heißt. Doch dieses Wort würde zu kurz greifen in São Paulo, das morgens und abends für je drei oder vier Stunden an chronischer Verstopfung leidet. Obwohl zu den

Ein zierlicher Rest Geschichte: Die Vila Fortunata, eingekeilt zwischen Büros und Reklame an der Avenida Paulista, zeugt von der einstigen Macht der Kaffeebarone

Mode schlägt große Wellen: Models im Centro Cultural vor ihrem Auftritt beim „Amni-Hotspot"-Projekt, das junge Designer fördert

Luxus für die Kunst: Italienischer Marmor ziert das Foyer des Teatro Municipal von 1911. Vorbild war die Pariser Oper

Stoßzeiten der Wochentage ohnehin nur einem Teil der fünf Millionen Autos das Fahren erlaubt ist. Und darüber, wer wann seinen Wagen benutzen darf, entscheidet die letzte Zahl auf dem Nummernschild.

Julia ist Architektin und Weiße. Die junge Frau, deren Vorfahren einst aus Portugal und Frankreich kamen, zeigt uns ihr São Paulo. Und später begreifen wir, dass sie die Stadt – wie so viele Paulistanos – als eine Art von faszinierender Zumutung empfindet, einen Ort, der jeden Rahmen sprengt, unfassbar arm und unbegreiflich reich zugleich ist, grandios und deprimierend in einem.

Zu Fuß folgen wir der Avenida Paulista, einer breiten Schneise durch das Betongebirge, die sich von der Metrostation Paraíso zum Cemitério da Consolação pflügt, vom Paradies zum Friedhof. Eine fiebrige Energie beherrscht die Paulista, und die Menschenmenge, die ihre Trottoirs und die Shopping-Malls füllt, ist bunt wie in Babel. Weiße, Schwarze, Braune, Gelbe, Rote und alle Tönungen dazwischen. Jede Hautfarbe, jedes Gesicht erzählt die Geschichte einer eigenen Genealogie.

Die Paulista ist das Finanzzentrum Südamerikas, der Boulevard der Banken. Und der Wohnhäuser, die am Himmel kratzen. In ihnen und hoch über der Glocke aus Abgas und Lärm residieren jene, die es geschafft haben in der Stadt und im Leben, und die Julia „Luftmenschen" nennt. Denn die Reichen von der Paulista bewegen sich mit Helikoptern und auf Luftstraßen in ihrer uferlosen Stadt. Ein Stau – das ist etwas weit unter ihnen.

In einer Lücke, die zwischen den Türmen der Prachtstraße klafft, liegt ein altes Herrenhaus. „Die Casa das Rosas",

Obdachlose haben das marode Hochhaus an der Avenida Mercúrio besetzt. Unter ihnen sind viele Flüchtlinge aus dem Nordosten – São Paulo soll sie vor Dürre, Hunger und Armut retten

Die Bar Brahma an der Avenida São João, früher Künstlertreff, ist einer der seltenen Orte, an denen die Stadt sich Nostalgie erlaubt

sagt Julia. „Eine der letzten erhaltenen Villen aus der Ära des Kaffees.“ Verloren steht sie inmitten der übermächtigen Kulisse, fast wie eine homöopathisch verdünnte Erinnerung an eine versunkene Epoche, als die Kaffeebarone sich anschickten, Brasilien zu beherrschen, ein Schwarzer ein Sklave war und São Paulo eine Kleinstadt.

Diese Zeit liegt kaum mehr als ein Jahrhundert zurück. Um 1880 bedeckte ein einziger Wald von Kaffeeplantagen das Hochplateau und die Hügel um São Paulo. Die Stadt und das halbe Land lebten vom Kaffee. Doch 1888 wurde – auf internationalen Druck – die Freilassung aller Sklaven befohlen. Damals lockten die Herren des Kaffees Kontraktarbeiter nach São Paulo. Sie kamen in Scharen. Erst aus den Armenhäusern Brasiliens, dann aus Südeuropa, später aus Polen und Russland, aus Asien. São Paulo ging auf wie ein Teig, in den zu viel Hefe geraten ist. Viel zu viel. Und eindringlicher als ein ganzer Rosenkranz von Zahlen spiegelt die heute so winzig erscheinende Casa das Rosas das gespenstische Tempo, in dem São Paulo die Hochebene unter sich begraben hat.

Irgendwann bleiben wir einfach stehen auf der Paulista. Weniger aus Erschöpfung, mehr aus Mutlosigkeit gegenüber der Größe dieser Stadt und der Länge ihrer Straßen. Man läuft und läuft. Aber São Paulo läuft mit. Und beinahe ist es wie im Märchen von „Alice hinter den Spiegeln“, jener Geschichte, in der es ein kleines Mädchen in ein verhextes Land verschlägt, wo man immerfort rennen muss, nur um am gleichen Fleck zu bleiben.

Julia treibt uns weiter. Zum Friedhof von Consolação, wo die Reichen und die Prominenten ruhen. Jacarandas und Lebensbäume beschatten den Streifen Erde, den hohe Bauten umfassen wie Felswände ein Tal. Die Brandung des Verkehrs ist nur noch ein polyphones Murmeln.

Der Friedhof von Consolação, von dem Julia sagt, er sei der berühmteste und vielleicht auch der schönste von São Paulo, ist ein Garten großbürgerlicher Gräber und Mausoleen, vor denen Christusfiguren und Engelsstatuen wachen. Jeder Name im Marmor verrät eine andere Herkunft. Italienische, portugiesische, kroatische, arabische, armenische und auch ein paar deutsche Katholiken füllen die Reihen. Auf vielen Grabsteinen sind Fotografien zu

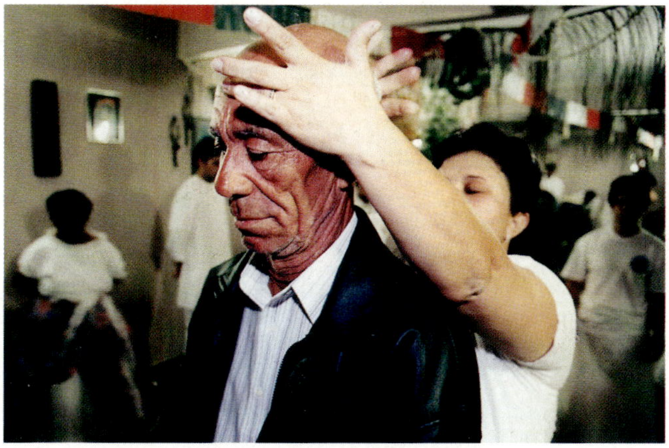

Heilung durch Handauflegen: Kranke hoffen beim *candomblé,* den afrobrasilianischen Kulten, auf die Kraft spiritueller Mächte

In einer Garagenkneipe im Italienerviertel Bixiga treffen sich Immigranten aus dem Nordosten. *Repentistas*, Volkspoeten, singen vom Leben in der alten Heimat – meist traurige Balladen

sehen. In Medaillons und hinter welligem Glas, so dass die Toten auf seltsame Weise Ertrunkenen gleichen.

Als wir den Cemitério schon fast durchquert haben, ohne auf das Grab von Ayrton Senna zu stoßen, fragen wir Julia nach der Ruhestätte des Nationalhelden. „Er liegt in Morumbi, im Südwesten der Stadt. Nur dort war genug Platz für das Staatsbegräbnis und all die Trauernden.“ Die Brasilianer verehren Senna. Die Paulistanos aber vergöttern ihn. Zuerst, weil er einer von ihnen war. Und dann vielleicht auch, weil in ihrer Stadt der Verkehr mit der Langsamkeit einer Schildkröte kriecht und man deshalb einen Gott der Geschwindigkeit braucht, den man anflehen kann um ein schnelleres Fortkommen.

An der Bushaltestelle vor dem Cemitério wartet ein Schwarzer. Er ist dünn und lang wie ein Schatten am Abend, die Dreadlocks wuchern ihm bis zur Hüfte, und ins Gesicht hat er sich eine spiegelnde Sonnenbrille montiert. Der Rasta bittet um eine Zigarette. „Babylon!“, sagt er dann, bläst den Rauch durch die Nase und zeigt hinaus in das Meer aus Stein, das São Paulo ist. Und als er später in den Bus steigt und aus dem Fenster winkt, sieht er aus wie Bob Marley auf dem Cover von „Babylon by Bus“.

Von Consolação sind es nur 20 Fußminuten bis zum Haus von Julia. Sie lebt auf der reichen Seite der Paulista, der westlichen. Dort, in Vila Madalena, Alto de Pinheiros oder Jardins, haben sich die Wohlhabenden verschanzt, Weiße allesamt. Apartmentbauten mit übereinander gestapelten Maisonettewohnungen und viel Glas wechseln ab mit Villen. Häuser wie Zitadellen, umgeben von Gittern, deren angeschliffene Stäbe an Harpunen denken lassen. Jede Mauerkrone ist mit Stacheldrahtrollen und Elektrozäunen gesichert. Kameras observieren die Eingänge. Und Bewaffnete, in Wächterlogen hinter Panzerglas.

„Wir haben uns selbst eingesperrt“, sagt Julia und lacht. „Vielleicht leiden wir ja an Verfolgungswahn.“ Aber bloße Paranoia ist das gewiss nicht in São Paulo, wo die Kriminalitätsrate höher liegt als in Rio und jedes Jahr fast 6000 Menschen entführt werden. Die meisten kaufen sich selbst wieder frei, mit ihrer Scheckkarte an einem Bankautomaten. Nur die ganz Reichen verschwinden für Tage oder Wochen. Die Angst vor einer Entführung sitzt tief in São Paulo. Tiefer als die vor Diebstahl oder Raub. Und sie ist auch der Hauptgrund, warum auf den Straßen von São Paulo so gut wie niemand Schmuck trägt, der Kidnapper anziehen könnte wie ein Magnet das Eisen.

Fünf Schlüssel braucht Julia, um in ihre Wohnung zu gelangen. Je einen für das Tor im Eisengitter und für die Haustür. Einen, um den Lift betreten zu können, einen anderen, um ihn im zehnten Stock wieder zu verlassen. Mit dem letzten öffnet sie ihr Apartment, eine Art Studio mit niedrigen Möbeln und riesigen Fenstern und voll gestellt mit Büchern über Architektur.

Auf dem Boden, denn nur dort ist genug Platz, breitet Julia einen Übersichtsplan von São Paulo aus. Die Karte bedeckt eineinhalb Quadratmeter Parkett, und mit roten Strichen hat Julia auf ihr die Umrisse der Stadt nachgezogen. Aus zwei, drei Schritten Entfernung betrachtet, verwandeln sich die roten Konturen in den Kopf eines Terriers. „Die reichen Viertel“, sagt sie, „bilden den oberen Teil des Hundeschädels. Und die armen die Schnauze.“

In den nächsten beiden Wochen sind wir mit Julia an vielen Stellen von São Paulo. Es ist Frühling geworden in der Stadt. Flammend geht die Sonne auf. Flammend geht sie unter. Und dazwischen liegen die Tage und die Nächte im Kopf des Terriers.

Zuerst sind wir im alten Zentrum, das zwischen den Plätzen República und Sé und dem Colégio São Bento liegt, wo die Stadt ihren Anfang nahm. Doch von dem Jesuitenkolleg, das im Januar 1554 ein paar portugiesische Mönche der Societas Jesu errichtet haben, ist kaum etwas geblieben. Nur ein Stück Mauer aus Holz und Lehm und Steinen.

Kreuz und quer dirigiert uns Julia durch den alten Stadtkern, der so voll gestopft ist mit Menschen, dass man unwillkürlich an einen aufgewühlten Ameisenhaufen denken muss. Julia ist besessen von Architektur und redet und redet. Von Bauhaus, Konstruktivismus, neuer Sachlichkeit, Futurismus.

Sie führt uns zum Copan, der gigantischen Betonwelle von Oscar Niemeyer, die das größte Wohnhaus Brasiliens ist, zur Kirche des Heiligen Franz, zum stählernen Bahnhof von Luz, zum Teatro Municipal. Schließlich stehen wir vor dem Edifício Martinelli, das reiche Italiener 1929 errichtet haben. „Der erste Wolkenkratzer von São Paulo“, sagt Julia. Tauben umflattern den Turm, und im weichen Licht des Nachmittags ist es, als sei er nicht aus Stein aufgeschichtet, sondern aus rotem Plastilin geknetet.

Wieder und wieder sagt Julia, dass wir noch so gut wie nichts gesehen hätten, und dann sprudeln die Namen von Kirchen, Museen, Galerien und Viadukten aus ihr wie Wasser aus einer Pumpe. Die Stadt ist grenzenlos.

Tag für Tag finden wir ein neues São Paulo. Bei den Italienern von Bixiga, den Japanern und Koreanern in Liberdade, den Juden in Bom Retiro und bei den Arabern irgendwo zwischen Ipiranga und Cambuci. Und auf unseren Expeditionen entdecken wir nicht nur die Küche von São Paulo, eine Art kulinarische Quersumme aller Kontinente, sondern auch einen Basar der Bekenntnisse, bunt und verwirrend wie in New York: Tempel des *candomblé* und

Die Stadt wuchert weiter. Jedes Jahr entstehen 1500 neue Straßen und Wege

Werbung für Hoffnung auf der Elevado Costa e Silva, der Hochstraße, die ein Symbol für städtebauliche Misswirtschaft ist

„Die Xingu-Indianer wollen die Industrialisierung von Urucum": Sozialkritik auf Sesseln persifliert, Kunstobjekt von Alex Fleming

Schinto-Schreine, Synagogen, Kirchen und Moscheen. Die Götter von São Paulo sprechen alle Sprachen.

An einem Samstagabend treffen wir uns mit Natalie und João. Im Figuera, einem Bau aus Glas, in dessen Mitte üppige Feigenbäume wuchern, so dass man glauben kann, nicht in einem Restaurant, sondern in einem tropischen Garten zu sein. Natalie ist Journalistin, João Schulpsychologe. Sie sind weiß und leben ebenfalls auf der richtigen Seite der Paulista, der westlichen, der reichen. Aber sie kennen auch die Nachtseite von São Paulo. Natalie schreibt über Obdachlose. Wochenlang ist sie ihnen gefolgt, überall hin und ungefähr so, wie man eine Katze auf dem Bauch robbend begleitet, um ihre Welt zu verstehen. João betreut neben seiner Arbeit Sozialprojekte in einer Favela, tief im Osten, in der Schnauze des Terriers.

Zum Hauptgericht entbrennt eine Diskussion über Pedro Silva. Der Dichter, der sich nach seiner Erblindung Glauco Mattoso nannte, hat sich São Paulo auf ungewöhnliche Weise genähert. Mit der Zunge. Er schleckte an Füßen von Freiwilligen, an Mauerwerk, an Sitzen im Bus, an Stühlen in der Oper. Schließlich verfasste er einen Roman über den Geschmack von São Paulo. João ist begeistert von der Idee. Doch Natalie findet das nur degoutant.

Beim Dessert geht es um Marta Suplicy, eine Sexologin, die jahrelang im Fernsehen die Brasilianer über die Geheimnisse des Orgasmus aufgeklärt hat. Jetzt ist die 56-Jährige Chefin der sozialistischen Arbeiterpartei. Und Bürgermeisterin von São Paulo.

„Sie macht ihren Job besser als ihre Vorgänger", sagt João. „Immerhin ist sie nicht korrupt." Sie habe den Bau einer vierten Metrolinie begonnen und mit der Stadtbegrünung, ergänzt Natalie. Aber sind ein paar U-Bahnhöfe und Bäume die Antwort auf die Probleme einer Stadt, die keine Grenzen mehr kennt, neun Milliarden Dollar Schulden hat und zehn Millionen Menschen zu viel? Für einen Moment ist es still am Tisch. „São Paulo", sagt João dann, „überblickt sich selbst nicht mehr. Niemand kann diese Stadt wirklich steuern. Sie ist das vielleicht größte Sozialexperiment der Welt. Und keiner weiß, wie es ausgehen wird."

Am Sonntag verlassen wir São Paulo. Am Rand zerfasert die Stadt wie ein Tintenklecks, man kann die Holzfeuer und die offenen Abwassergräben der Favelas riechen. Schließlich sind wir am Flughafen. Mit einem Mal liegt São Paulo unter uns. Und selbst von oben scheint die Skyline, die aussieht, als hätte ein Schwarm wilder Kinder mit der Geometrie gespielt, keinen Anfang und kein Ende zu haben.

Walter Saller, *geboren 1956, lebt als freier Autor in Berlin. Er war zum dritten Mal in São Paulo, jener uferlosen Stadt, von der er denkt, dass sie der biblischen Idee von Babel schon sehr nahe kommt.*
Helmut Wachter, *freier Fotograf in Zürich, bezeichnet sein Verhältnis zu São Paulo als „typische Hassliebe". Die Stadt lauge ihn aus und verfüge dennoch über enorme Faszination. und Anziehungskraft.*

Tierisch gut

In einer brasilianischen Churrascaria schmort das beste Fleisch der Welt. Es bringt den Geruch von Urzeit, Jagd und Feuerstelle. Wie einst in der Höhle. Nur besser

Text: Oliver Martens

Vor einigen Jahren hat ein japanischer Lebensmittelforscher herausgefunden, dass die Japaner zu Hause im Schnitt 18 Jahre länger leben als die außerhalb Japans. Weil sie gesunden Fisch und Reis essen. Die im Ausland dagegen, besonders in Brasilien, viel zu viel Fleisch.

Allerdings, und vor dieser Frage drückt sich die Untersuchung: Ist dieses fleischlose Leben lebenswert? Was fange ich mit 18 Jahren Bonus-Zeit an, wenn ich sie nicht in einer Churrascaria verplempern kann? Ich bin Fleischesser. Ich sterbe früher. Aber bis dahin habe ich mehr Spaß als andere, vorausgesetzt ich lebe in Brasilien.

Sicher, im Rest der Welt werden passable Steaks gebraten. Das T-Bone-Steak bei Peter Lugers in Brooklyn ist die wochenlange Voraus-Reservierung wert, und das Prime Rib im Stockyard Barn in Nashville, Tennessee hat mir noch mehr Laune gemacht als das anschließende Dolly-Parton-Konzert in der benachbarten Grand Ol' Opry. Das hart angebrannte *bife de chorizo* im El Ceibal in Buenos Aires, ein guter Tango für den Gaumen.

Doch ein brasilianisches Churrasco erweckt den Wunsch nach sofortiger Einbürgerung. Damit meine ich: irgendeines. Es darf durchaus der Schuppen an der Tankstelle nach Petrópolis sein, wo der Einheitspreis bei sechs Real (2,40 Euro) liegt – Fleisch, so viel man kann. Und man kann viel davon. Es ist Fleisch im Himmel.

Brasilien ist das größte Fleischland der Erde. Argentinien hat 55 Millionen Rinder, Brasilien 165. Das nur, um die Größenordnungen klarzustellen. Vielleicht gibt es in den USA noch ein paar Rinder mehr – aber da man Fleisch dort meist zu Hamburgern vernichtet, müssen sich die Amis ganz weit hinten anstellen.

Zurück zum Churrasco. Ohne Zweifel sitzt man netter bei Marius an der Copacabana oder im Porcão Rio im Flamengo-Park als in irgendeiner Klitsche. Die Hauptsache jedoch ist das Fleisch. Brasilianisches Fleisch. Brutzelnd auf den Teller gesäbelt. Außen schwarz, innen rot. Es hat den Geruch von Feuerstelle und Urhorde und Jagd. Es kitzelt im Gaumen die Erinnerung daran wach, wie einfach und schön das Leben sein kann als Mann und Jäger.

Nehmen wir das Restaurant Marius, das mit seinen armdicken Tauen und Ankerketten und Ziegelwänden und gemaserten Holztischen wie eine ziemlich gemütliche Piratenhöhle aussieht. Das Vorspeisenbüfett allein belohnt dich dafür, dass du den ganzen Tag feindliche Barkassen geentert, Jungfrauen geraubt und Juwelenkisten geschleppt hast, auch wenn das alles nur am Telefon war: Austern in Eisbetten, Carpaccios von Rind und Lachs, Sushi, Froschschenkel, Wachteln, Tintenfisch, Krabben, Käse und gesondert davon eine Salatbar von der Größe einer mittleren tropischen Insel.

Allerdings dient die ganze simulierende Vielfalt nur dazu, das Wesentliche anzukündigen, wie ein Divertimento das einzige, starke, konzentrierte Hauptthema: Fleisch.

Die Beilagen – frittierte Maniokstreifen und gebratene Bananen – sind serviert. Auf deinem Tisch liegt eine Plakette mit roter und grüner Seite, simpel wie eine Ampel. Grün bedeutet: Das Gemetzel darf beginnen, Fleisch ab, die Taue gekappt, hinein ins blutige Vergnügen. Und so marschieren sie auf, die Fleischträger mit ihren Spießen.

Mit Würde schreiten sie die Tische ab, eilen wieder in die Küche, um mit frisch brutzelnden Säbeln zu der zurückzukehren. Das ist das Wichtigste – zwischen Grill und deinem Teller liegt nie mehr als eine Minute. Ein im übrigen verkehrtes und durchaus amüsantes Spiel beginnt. Normalerweise verlangst du nach dem Kellner – hier aber bist du damit beschäftigt, ihn abzuwimmeln.

Tust du's nicht, liegt auf deinem Teller irgendwann ein komplettes Rind, denn die Spielregel besagt, dass nachgelegt wird, solange dein Ampelauge Grün zeigt. Und den

Keine Minute liegt zwischen Grill und Teller. Serviert wird, solange der Gast keinen Einspruch erhebt

Fleischträgern entgeht Grün nie, sie sind darauf so sehr konditioniert, dass man selbst grüne Krawatten vermeiden sollte.

Oft drängen sie dir, als letzte raffinierte Verzögerung, noch knusprigen Kleinkram auf: Auf langen Gabelzinken gegrillte Hühnerherzen, Schenkelchen, Würstchen. Doch dann tritt die Hauptperson auf, der Matador, der Mann mit dem *picanha* – so nennt man das hauchzarte Fleisch oberhalb der Schwanzwurzel. Alles, was du nun noch zu tun hast, ist *„mal passado"* oder *„bem passado"* zu murmeln, also: „blutig" oder „gut durch", und dann mit einer Silberzange nach der Scheibe zu greifen, die dir vom dampfenden Spieß gesäbelt wird.

Es empfiehlt sich, von hinten nach vorn zu essen, also von der Picanha über das Baby Beef der Hinterbacke, das magere Filet Mignon (Lende) und das T-Bone-Steak (Rücken) hin zur Schulter. Und mit dem überaus würzigen, saftigen Buckel, dem *cupim,* ausklingen zu lassen. Warum? Weil der *cupim* am fettesten ist, und deshalb nach sich nichts mehr duldet.

Sicher tragen die Zubereitung des Fleisches über dem offenen Grill bei 150 Grad und der kurze Weg zum Teller dazu bei, dass du ein paar Stunden sitzen bleibst und jeder Bissen frisch ist und wie eine Sinfonie auf der Zunge zergeht. Doch die Hauptsache ist der Rohstoff selber, das Fleisch. Bei Marius kümmert sich der Chef persönlich um die Auswahl der Rinder, die er von den endlosen Gaucho-Weiden im Süden kauft. Diese Tiere sind ihr Leben lang an der herben Luft gewesen und in Bewegung, und sie haben nie etwas anderes gemalmt als frisches Gras. Das schmeckst du bei jedem Bissen.

Marius wählt nur männliche Tiere aus. „Sie sind einfach würziger und zarter", sagt der Fleisch-Chef des Restaurants, Paulo Alfonso. „Weibliche Tiere sind fad und zäh." Darüber hinaus sollte das Fleisch auch nie von einer parfümierten Frauenhand berührt werden – Fleisch ist eine Angelegenheit von Männern, von Tabak und Schweiß. Paulo lächelt überlegen. „Bei uns dürfen Frauen die Plätze anweisen und Cocktails servieren – am Grill haben sie nichts verloren."

Seit 15 Jahren arbeitet er bei Marius, für ihn gibt es keine Steigerung zu diesem Job, diesem Leben. Mit Ausnahme von Bottrop. Da hat er ein Jahr lang gewohnt. Er liebt Bottrop, denn Bottrop ist vielleicht sogar noch besser als Fleisch. Aber eine unglückliche Kette von Zufällen zwang ihn aus Bottrop nach Brasilien zurück.

Nun bewundert er Bottrop aus der Ferne, und die Deutschen sowieso. „Große Fleischesser im Übrigen." Aber was sollen sie machen – sie haben nun mal nicht diese Weiden, diese Rinder. Und dass sie nun mit diesen *vacas loucas,* den verrückten BSE-Kühen geschlagen sind, treibt ihm die Tränen in die Augen. „Sollen sie zu Marius kommen. Alle."

Die Hälfte Bottrops ist ohnehin schon da, denn Marius liegt nur einen Strandspaziergang weit weg von den großen Hotels an der Avenida Atlântica, dem Meridien, dem Excelsior, dem prächtigen Copacabana Palace. Und einen Spaziergang wird man brauchen, vor allem, da nach dem Fleisch die Dessert-Kellner defilieren.

Sie kommen mit heller Mousse oder Maracuja-Creme, mit Zitronen-Soufflee oder den sahnigen Frucht-cocktails, die nach edlen, nie gehörten Natur-Vitaminen klingen, und die damit einen überaus gesund schmeckenden Abschluss der Metzelei darstellen, der sich nicht schöner und schuldfreier denken lässt.

„Übrigens", sagt Paulo, „hat brasilianisches Fleisch weit weniger Cholesterol als europäisches, weil das Vieh eben nur Grünzeug frisst." Womit auch das ein für alle Mal geklärt wäre: Um lange zu leben, musst du nicht Vegetarier werden. Es genügt, wenn das Rind, das du verspeist hast, einer war.

Oliver Martens *lebt als freier Autor mit geschultem Gaumen in Rio de Janeiro.*

Copacabana, Ipanema, Leblon. Hier wird geflirtet, geredet

Rios große Freiheit

Text: Jens Glüsing

Abends leert sich die Praia do Arpoador. Es wird ruhig zu Füßen der Pedra Dois Irmãos. „Zwei Brüder" wird der Felsen seiner markanten Form wegen genannt

posiert und trainiert. Am Strand lebt die Stadt ins Blaue hinein

Fotos: Antonina Gern

Läuft ein besonders hübsches Mädchen an den Schirmen des Kiosks Quase Nove vorbei, läutet der Chef eine Glocke

Zu dritt am Boden: häufiges Bild an Rios Stränden, meist der guten Sitten zuliebe. Eine Freundin spielt die Anstandsdame

Ein schöner Körper ist in Rio Kapital. Und Muskeln steigern den Marktwert

Ein Händler macht sein Produkt zum Programm: arabische Snacks

Fast nur Männer nutzen die öffentlichen Turngeräte entlang der Copacabana. Ein Tribut der Stadt an Körperkult und Fitnesswahn

Waldemar de Sousa, 83, gehört zu den letzten Fischern an der Copacabana. Am Posto Seis liegt sein Boot. Sein Zuhause am Meer

Auf 30 Kilometern Strand sucht der Carioca seinen Platz. Und bleibt ihm ein Leben lang treu

Leichte Prüderie hat ihren Sinn: Ein nackter Busen tötet die Fantasie

Ein Schweizer ist nicht leicht zu knacken, nicht einmal für eine Brasilianerin. Seit Stunden sitzt Marcia nun schon neben dem jungen Mann aus St. Gallen. Er hat einen Liegestuhl gemietet, nippt an seinem Bier und blickt schweigend aufs Meer. Sie redet sanft auf ihn ein, einmal streichelt sie ihn sogar, doch er schiebt ihre Hand mit einem freundlichen Lächeln zurück. Aber Marcia gibt nicht auf – sie hat sich verliebt.

Vor einer Woche hat sie ihn kennen gelernt. Er rief sie täglich an, lud sie mehrmals zum Essen ein. Jeder Brasilianer hätte sie danach in ein Motel abgeschleppt, der Schweizer brachte sie nach Hause. Jetzt sind sie zum ersten Mal zusammen am Posto nove, dem Posten neun, Marcias Stammtreff am Strand von Ipanema.

„Die Gringos sind seltsam", sagt Marcias Freundin Adir. „Sie verstehen nichts vom Flirten. Du musst zur Sache kommen." Sie hat schon einiges mit Ausländern erlebt. Ein Freund aus Deutschland zog sich mal neben ihr am Strand um, ließ ungeniert die Hosen fallen, als sei er zu Hause am Baggersee. Brasilianer würden so etwas nie tun, sie kommen schon in Badekleidung an den Strand, nicht einmal in die Sauna gehen sie nackt. Sich am Strand komplett zu entblößen, verstößt gegen die Sitten. Vor einem Jahr nahm die Polizei ein paar britische Soldaten fest, die nachts splitternackt an der Copacabana baden gegangen waren. Bevor Adir ihrem deutschen Freund das erklären konnte, war es schon zu spät.

Unterschiede zwischen Gringos und Brasilianern sind ein Dauerthema in Adirs Clique. Das Völkchen, das sich jedes Wochenende am Posto nove versammelt, ist zwar international, doch die meisten sind geborene Cariocas, Einheimische aus Rio. Sie treffen sich an der roten Flagge der Arbeiterpartei, die Milton aus Uruguay jeden Morgen in den Sand rammt.

Der Ex-Guerillero kam vor mehr als 20 Jahren nach Rio, er war auf der Flucht vor der Militärdiktatur in seiner Heimat. Am Posten neun eröffnete er eine Bierbude. Seither steht er fast jeden Tag hinter seinem Holzkohlengrill und brät Fleischwürste nach uruguayischem Rezept.

Die Seele des Geschäfts ist seine Frau Gloria. Sie wacht über die Kasse, verscheucht Stranddiebe und wehrt nebenbei Galane ab, die es auf ihre bildschönen Töchter Nadia und Natalia abgesehen haben. Im Sommer übernachtet Milton am Strand, seine Tische und Stühle verstaut er in einer Grube. Niemand würde es wagen, ihn zu überfallen. Er zählt längst zum Urgestein von Ipanema.

Man muss nicht Brasilianer sein, um an Rios Stränden Anschluss zu finden. Aber die Cariocas entscheiden darüber, wen sie in ihre Clique aufnehmen. Wer *chato* ist, also ein Langweiler oder Nervtöter, hat keine Chance.

Als *chato* gelten zum Beispiel die teuer gekleideten Touristinnen aus São Paulo, die sich schminken, bevor sie an den Strand gehen. Auch wer am liebsten über seinen Beruf redet, ist schnell unten durch. Am Strand interessiert Arbeit nicht.

Der Schweizer hat das noch nicht verstanden. Er erklärt Marcia, wie er die Finanzabteilung seiner Firma umkrempeln will. Sie verdreht die Augen und hockt sich wieder zu Adir. Wenigstens hier am Strand müsste ihr Freund doch auftauen, klagt sie. Die Sonne knallt vom Himmel, unter den Sonnenschirmen staut sich die Hitze. Schweiß glänzt auf den straffen braunen Körpern.

„Warum suchst du dir nicht einen Brasilianer?", fragt Janio und wälzt seinen schwarzen Leib träge auf die Seite. „Das musst du gerade sagen", erwidert Marcia. Janio ist der Platzhirsch am Posto nove. Kaum eine Blondine verlässt den Strand, ohne mit ihm Bekanntschaft zu schließen. Er ist Anwalt, beim Staat angestellt, aber am Strand wird er zum *malandro*, zum charmanten Playboy. Mühelos arrangiert er seinen Alltag mit mehreren Freundinnen gleichzeitig. Selbst langjährige Freunde haben inzwischen den Überblick über seine Liebschaften verloren.

Die Gringos am Posto nove bewundern und beneiden Janio. Neulich fragte Sir Ashley, Engländer mit aristokratischer Vergangenheit und Kontaktproblemen: „How do you meet a woman on the beach?" Janio gab Tipps: Nie breitet er ein Badelaken aus, liegt nicht im Sand, sondern steht, so wie die meisten Cariocas. Deshalb gleichen Rios Strände an heißen Sommertagen einer riesigen Cocktailparty. Im Stehen behält Janio die Übersicht, kann den Blick schweifen lassen und den Standort wechseln, wenn die Clique nebenan interessanter erscheint. Den Mädchen blickt er offen ins Gesicht, lächelt und macht doppeldeutige Scherze. Das Carioca-Portugiesisch ist voll von sexuellen Anspielungen, und kaum eine Brasilianerin empfindet sie als Beleidigung. Sie freut sich, wenn ein Mann ihrem Körper schmeichelt.

Noten für den knackigsten *bumbum*, wie das Hinterteil im Brasilianischen heißt, verteilt der Wirt vom Quase Nove, einem Kiosk gleich hinter dem von Milton. Läuft eine besonders wohl geformte Strandschönheit vorbei, läutet er mit einer Glocke. „*Gostosa*", zischen dann die Männer am Tresen, und die Dame lässt ihren Hintern noch frecher wippen.

Bei Schneewittchen hätten sie früher Sturm geläutet. Ana María de Carvalho, wie sie eigentlich heißt, verbringt seit über 20 Jahren jeden Tag am Posto nove. Hier hat sie ihren ersten Lover kennen gelernt und den ersten *bagulho* geraucht, die Marihuanazigarette. Von LSD bis Kokain hat sie so ziemlich alle Drogen ausprobiert, Schneewittchen heißt sie nicht nur wegen ihres weißen Bikinis. Als

In Ipanema treffen sich heute wie schon in den Sechzigern die schönen *garotas*. Ihre Bikinis, sind knapp, aber unerlässlich. Denn Oben ohne am Strand ist tabu

Der steinerne Jesus wirbt für Cola, während der Rettungsschwimmer am Posten fünf Wache hält. Einer von zwölf Stationen, die Rios Buchten säumen

Es zählt die Haltung, die Geste, der Blick. Baden ist Nebensache

vermutlich einzige Carioca ließ sie sich vor Jahren chirurgisch den Po verkleinern. Über der Narbe prangt eine Tätowierung, eine rote Blumenkette. „Die Operation war mein *desbunde*", sagt sie. Der Ausdruck ist kaum zu übersetzen, wörtlich heißt er „Po-Verfall". Er steht für totales Ausflippen, radikalen Ausstieg. Davon träumten früher viele in Ipanema.

Schneewittchen ist ein Fossil der siebziger Jahre. Sie erinnert sich noch, wie der Ex-Guerillero Fernando Gabeira am Posto nove den ersten Tanga vorführte. Im Exil in Europa hatte er nackt gebadet, doch in Brasilien war das verboten. Also lieh er sich von einer Cousine ein Bikiniunterteil. Heute wird der Fummel in einem Banktresor verwahrt, nachdem ein fanatischer Fan versucht hatte, ihn während einer Ausstellung zu stehlen.

Nicht nur Nacktbaden, auch das Sonnenbad Oben ohne ist an Rios Stränden verpönt. „Ein nackter Busen tötet die Fantasie", sagt Alfredo Sirkis, Stadtbeauftrager für Urbanistik und Ipanema-Veteran. Wehmütig blinzelt er Strandschönheiten zu, die seine Töchter sein könnten. Im Schatten der Sonnenschirme spielen einige Alt-Hippies Schach oder diskutieren die letzten Fußballergebnisse. Keiner würde seinen Schirm auch nur 100 Meter weiter Richtung Copacabana oder Leblon aufspannen.

Den Posto für das Sonnenbad wählt der Carioca so sorgfältig aus wie seinen Fußballverein, und wie diesem bleibt er ihm lebenslang treu. Zwölf Rettungsschwimmerposten säumen die sichelförmigen Strände von Copacabana, Ipanema und Leblon. Jeder hat seinen eigenen *tribo*, seinen eigenen Stamm.

Am Posten eins in Copacabana vergnügen sich Großfamilien aus den Favelas. Auf selbst gebastelten Holzkohlengrills brutzeln sie Fleischspießchen, während aus Getto-Blastern Techno-Funk dröhnt.

Vor dem Hotel Copacabana Palace am Posten drei führen bunt gekleidete Tunten ihre Pudel Gassi. Hier treffen sich die Schwulen, Lesben und Transvestiten. „Barbies" nennt man die Schönlinge, die am Strand ihre anabolikagestählen Bizeps spielen lassen. In den fünfziger Jahren sprangen hier James Cagney und Lana Turner in den Atlantik. „Halb Hollywood stieg damals im Copacabana Palace ab", erinnert sich Alt-Playboy Jorge Guinle, 88. Der stets tadellos gekleidete Greis musste nie arbeiten, wie er gern erzählt, seiner Familie gehörte einst das Hotel. Noch heute verbringt er seine Nachmittage in Begleitung schöner Mädchen im Hotelrestaurant und wirbt nebenbei für Viagra.

Am Posten sechs flicken die letzten Fischer der Copacabana ihre Netze. Geschmeidige Bikinischönheiten hechten beim *futevolei* durch die Luft. Clevere Cariocas improvisierten den Sport – eine Mischung aus Volleyball und Fußball – in den sechziger Jahren, als die Militärregierung Fußball am Strand verbot.

Später versammelten sich die Gegner der Diktatur am Pier, einer mehrere 100 Meter langen Konstruktion aus Holz und Eisen, die für den Bau einer Abwasserleitung errichtet wurde. Den Sand, der für den Bau ausgehoben wurde, hatten Bagger zu künstlichen Dünen zusammengeschoben, ideal, um dort ungestört zu schmusen und Marihuana zu rauchen.

Anfang der siebziger Jahre glich der Strand am Pier einer „unabhängigen Republik", so der Schriftsteller Ruy Castro: „Alles war erlaubt: Sex, Drogen, neue Ideen, verrückte Kleider, lange Haare." Aus ganz Brasilien strömten junge Leute mit Rucksack und Gitarre nach Ipanema.

„Die Diktatur duldete diesen Freiraum, weil er im Grunde unpolitisch war", sagt Castro. Die Generäle nahmen hin, dass die Jugend Sex, Drugs und Rock 'n' Roll am Strand genoss – so schlossen sie sich wenigstens nicht der Guerilla an.

Nach drei Sommern wurde das Pier abgebaut. Die Szene zerbröckelte, Aids, Kokain und Alkohol rissen Lücken in die Cliquen. Viele Hippies flohen vor den Touristen an Bahias einsame Strände. Die anderen zogen zum Posto nove, wo manche Alt-Achtundsechziger heute ihren wohl gerundeten Bauch mit Dosenbier in Form halten.

Hat Marcia den Schweizer doch noch rumgekriegt?" Adir hat ihre Freundin seit Tagen nicht mehr gesehen. Die Wetten stehen fünf zu drei, dass der Gringo sie sitzen ließ. Stunden später erscheint Marcia, den Schweizer im Schlepptau. Mit dem Daumen zeigt sie: *tudo bem*, alles gut. Die beiden suchen sich einen Platz abseits der Gruppe.

Erst als die Sonne im Meer versinkt, stehen sie auf, wie alle, und klatschen Beifall. Marcia und Adir waten in die Brandung, danken der Meeresgöttin Iemanjá und entsorgen unauffällig das Bier. Der Schweizer stellt sich zu Janio, fragt ihn aus über brasilianische Frauen.

Stunden später reden die beiden noch immer. Milton, der Uruguayer, hat sich längst schlafen gelegt, das Bier buddeln die Gäste aus seinem Versteck im Sand und schreiben es an. Seinen Liegestuhl hat der Schweizer zurückgegeben. Er steht am Strand, so wie Janio, so wie ein echter Carioca.

Jens Glüsing, *geboren 1960, berichtet unter anderem für den* Spiegel *und die Schweizer* Weltwoche *aus Rio de Janeiro. Seit über zehn Jahren ist er passionierter Strandgänger mit fester Clique am Posten neun in Ipanema.* **Antonina Gern**, *geboren 1966, ist begeistert von der Schönheit der Strandgänger in Rio. Leicht war die Arbeit der freien Fotografin aus Hamburg jedoch nicht – die Brasilianer hätten sich als „überraschend schüchtern" erwiesen.*

Grüne Hoffnung

Genau im Zentrum Südamerikas liegt der Pantanal – ein riesiges Sumpfgebiet und das aufregendste Naturreservat des Kontinents

Text: Matthias Matussek, Fotos: Werner Rudhart

Die Ausläufer des Pantanal vom Nationalpark Chapada dos Guimarães aus gen Süden gesehen. Ein gigantischer Suppenteller, der so groß wie Griechenland ist

Auf jeden Menschen kommen 40 Krokodile. Ein sattes Heer geschützter Räuber

Rio Paraguai, der gewaltigste Strom im

Der Bootsmann auf dem Piuval-See nahe Poconé ködert Fische mit den Essensresten seiner Angeltouristen. In den Gewässern des Pantanal gibt es 263 Fischarten – mehr als in Europa

unendlichen Sumpfland

Unter Wasser im fischreichen Rio Formosinho: Angeln ist nur mit Lizenz erlaubt

Natur als Ideal. Im Pantanal vereint sich magische Landschaft mit üppiger Artenvielfalt

Der Tamandua-Ameisenbär, knapp 60 Zentimeter groß und bis zu fünf Kilogramm schwer, in Drohstellung. Sein Schwanz, fast körperlang, dient als Stütze

Schmetterlingsraupen wie Blüten sind die stillen Wunder der Wildnis. Touristen werden zu Entdeckern

Dichtes Grün wuchert an den Ufern des Rio Formosinho. Urwald wie im Film – davon lebt der Ökotourismus

Das größte Sumpfland der Erde präsentiert die Hitparade der Natur. Demonstriert eine perfekte Show wilder Tiere

Von Cowboys behütet: Drei Millionen Rinder weiden im Pantanal

Oasenstimmung: Buriti-Palmen an der Lagoa Mandioré

Weiden, Flüsse, Lagunen bezaubern die Besucher. Doch wer hier lebt, kämpft oft ums Überleben

Das ist kein blödes Bade-Blau. Das ist ein Himmel wie ein gewaltiges Kuppelfresko, von Wolkenbergen endlos hochgetürmt, ein Firmament wie Orgelklang, allegro forte und sehr, sehr andachtstief. Ein Himmel für Rekorde.

Dieser Himmel, soviel weißt du, spannt sich in genau dieser Pracht von Campo Grande in der Hochebene des Mato Grosso do Sul ein paar 100 Kilometer weit hinüber nach Westen, bis nach Bolivien hinein. Und mittendrin liegt der riesige Suppenteller, der sich Pantanal nennt. Brasiliens Serengeti.

Eines der reichsten Tierparadiese der Erde – auf einer Fläche, die etwa der Größe Griechenlands entspricht. Mit mehr Fischarten als in Europa (263), mehr Vogelarten als in den USA (656), und Säugern meistens von der Sorte, die man nicht mal im Zoo zu Gesicht bekommt, weil dort das Spezialgehege wieder mal renoviert wird. Auf jeden der gerade mal 400 000 Einwohner kommen hier 40 Krokodile – dein Herz klopft angesichts dieser Schöpfungs-Üppigkeit.

Als misstraue man deiner Empfänglichkeit, konkurriert der Himmel über dem Pantanal mit einem weiteren, den ein Werbefilm über den Pantanal zeigt. Er läuft in dem Bus, der sich seinen Weg in eben diesen Pantanal bahnt. Er ist noch rekordintensiver und obendrein vertont mit Bob Dylans „Knock, knock, knockin' on heaven's door", in einer brasilianischen Cover-Version, die noch schmusiger klingt: „*Bate, bate na porta do céu.*"

So wirst du mit den Highlights eines Spektakels vertraut gemacht, bevor es sich dir erschließen kann. Man nennt das Ökotourismus. Der Pantanal ist dessen Meisterprüfung.

Wie überall in der Welt besteht Ökotourismus darin, den Klienten genau jene Bilder wiederfinden und befriedigt abhaken zu lassen, die ihm vorher in den Kopf gelegt wurden. Du rückst der Natur nicht als Jäger oder Plünderer nahe, sondern als Sammler von Bildern. Und kaum irgendwo, das verspricht dir der Videoclip, sind sie so attraktiv wie hier: schnürende Panter, Wasserschlangen, die Jagd auf Capivaras machen und Kolibris, die auf den Nasenspitzen von Krokodilen balancieren. Lauter Schöpfungs-Hits. The Best of Nature. Wirst du all dem gewachsen sein?

Wie entlastend, dass sich bereits nach zehn Minuten die instinktsicheren Abwehrreflexe deines siebenjährigen Sohnes melden, der lauthals nach einem Videospiel verlangt. Nach einem echten statt dieses Naturfilms, der nur so tut wie eins. Das gibt dir Gelegenheit, mit einem pädagogischen Machtwort „sofort die Glotze ausschalten" zu lassen und den Pantanal gegen seinen optischen Ausverkauf zu schützen.

Du willst nur mit diesem Himmel draußen allein sein, dem das Blau allmählich ausgeht. Der zu einem blassen rosafarbenen Abendschimmer ausbleicht und die vereinzelten Bäume der Steppe in schwarze Pagoden verwandelt, Scherenschnitte vor einem Horizont, den Bob Wilson beleuchtet haben könnte. Der Pantanal ist pure Magie in seiner Stille. Das Paradies.

„Wann sind wir da?" – „Das weiß man erst, wenn man da ist, mein Sohn", antwortest du fromm.

Es gibt den Pantanal gleich zweimal. In den Regenmonaten, wenn er voll läuft, ist er ein glitzerndes Gewirr von Wasseradern und Seen. Dann gehen in 24 Stunden rund 180 Billionen Liter hernieder, das ist die Füllmenge von elf Millionen Tankwagen. Der Paraguai-Fluss tritt über seine Ufer in tausenden kleinen Strömen, die sich wild mäandernd neue Becken suchen, satte Weiden überflutend und Myriaden von Fischen mästend.

In den Sonnenmonaten verdunsten die Wasser, und rund 3000 Tonnen Piranhas und Dourados, Cat Fish und Rochen bleiben nach Luft schnappend in versiegenden Flussbetten zurück – als *free lunch* für Kaimane, Capivaras und besonders für die Vogelschwärme, die hier auf ihrem 10000 Kilometer-Flug von Kanada nach Patagonien Etappe einlegen.

Einst, bevor sich die Kontinente voneinander losrissen, soll der Pantanal mit den Savannen Afrikas verbunden gewesen sein. Deshalb sieht es hier in den Trockenmonaten Mai bis September aus wie in Kenia. Steppengras, Wasserstellen, Bäume.

Was weniger nach Kenia aussieht, sondern eher nach Wyoming, das sind die Viehherden der Pantaneiros, die auf den Weiden grasen. Der Pantanal hat drei Millionen Rinder. Tatsächlich: Wer sich über den Pantanal unterhält, muss über Kühe reden.

Am besten redet er mit der Lehrerin Marcela, deren Mann Jose Lemos Monteiro Boss der SODEPAN ist, der Vereinigung der Pantanal-Rancher. In ihren Freizeitstunden malt Marcela naive Bilder. Sie malt das Paradies, in dem es vor lieben Kühen wimmelt, die dort am üppig begrünten Flusslauf grasen, belächelt von lieben Pantern und noch lieberen Anacondas, und Hirschen und Papageien sowieso.

Auf Marcelas Bildern fehlen die, die das Idyll stören. Umweltschützer, die ihr wie allen anderen Pantaneiros das Leben schwer machen. Die sie als Zuhälter naturverwüstender, trampelnder und scheißender Bulettenmaschinen verteufeln.

„Ohne unsere Rinder", sagt Marcela, „wäre der Pantanal ein verwahrlostes Katastrophengebiet. Wir sind die eigentlichen Naturschützer." Tatsächlich ist mittlerweile bewiesen, dass die Herden nützliche, natürliche Mähmaschinen sind, Kultivierer, die in heißen Monaten das Gras stutzen und Brände verhindern. Darüber hinaus säen die Pantaneiros als Viehfutter eine Grasart aus, die viele andere Tierarten anzieht.

Die *fazendeiros* haben es nicht leicht, ihre Herden werden von Raubtieren und jährlicher Sintflut dezimiert. Darüber hinaus verlangt der Staat rund drei Real (1,20 Euro) pro Vieheinheit, für „Straßen, die nie gebaut werden", wie Marcela bitter anmerkt. Seit neuestem machen auch noch Umweltschützer gegen ein Kanalprojekt mobil, das die Soja-Felder des Pantanal mit Paraguay verbinden soll und den Erntetransport enorm verbilligen würde. „Wer den Kanal blockiert, stärkt die Soja-Monopolisten in den USA", sagt Marcela.

Das ist ohne Zweifel richtig unter den Bedingungen einer globalisierten Wirtschaft. Wer will es Marcella verdenken, wenn sie amerikanische Umweltorganisationen für die fünfte Kolonne der US-Soja-Industrie hält? „Sollen die sich um Umweltschutz in den USA kümmern, da gibt es genug zu tun!"

Doch auch ohne die Behinderungen durch bisweilen dilettantische Umweltgesetze wirft die Natur im Pantanal längst nicht mehr genug ab für jene, die von ihr leben wollen. Nicht so viel, wie man sich vorstellen mag bei diesen Größen. Einer ihrer drei Söhne hat sich kürzlich auf einem Bauernhof bei Bielefeld umgeschaut. „Die holen aus ihren 60 Hektar mehr raus als wir aus unseren 20000 und könnten uns jederzeit aufkaufen."

Jetzt planen die Monteiros, in das Geschäft mit Touristen einzusteigen. Sie wollen *pousadas* auf ihrer Farm bauen, Pensionen. Nicht mehr von der Natur leben, sondern von ihrem Sex-Appeal, den sie auf Ökofreunde aus Deutschland, Japan und den USA ausübt. Das ist der Trend.

Die meisten Trips beginnen in Bonito, das gar nicht im Pantanal liegt, sondern auf seinem südlichen Tellerrand, doch es ist einfach zu schön, um ausgelassen zu werden. Wahrscheinlich hat man es nach den Seufzern benannt, die hier gehaucht werden: *bonito!* Schön!

Wenn das Paradies tatsächlich ein Rousseauscher Streichelzoo ist, dann kann man in Bonito dafür üben. Die kristallklaren Bassins, die sich an der Quelle des Olho d'Agua bilden, sind begehbare Aquarien, in denen rot geflammte Tropenfische zwischen deinen Beinen spielen. Gut gelaunte Fische, denn sie werden gefüttert und absolut nie geangelt bei Strafe allerhöchster ökotouristischer Verdammung.

Du stehst also in diesem grünbeschatteten, sonnengesprenkelten Teich wie in einem Bild von Monet und bist Freund der Kreatur. Und nach einem Schlauchboot-Trip über einige harmlose Stromschnellen hinweg, vorbei an einer Anaconda, die im Ufergestrüpp dösend ein Wasserschwein verdaut, steigst du hinab in die Gruta Azul, deren Grundsee zu gewissen Januarstunden in einem Sonnenlichtbalken blau aufglühen soll.

Natürlich hat das Paradies auch hier unten seine Regeln. Einst, erzählt der Führer, habe man zwischen den Stalaktiten ein Fototeam erwischt, das nackte Mädchen aufgenommen habe. Nymphen am blauen See. Seitdem gilt ein generelles Verbot für Stative und Nackte. Es ist eine alte Geschichte, neu aufgelegt fürs Ökoparadies, und immer noch fehlerhaft: Die Schlange darf machen, was sie will, und die Nackte wird vertrieben. Als müsse es nicht genau umgekehrt sein!

Von Bonito sind es nur runde fünf Stunden zum Refúgio Ecológico Caiman oder kurz: Fazenda Caiman, die unter den 500 Pantanal-Herbergen die berühmteste ist. Ihren Namen verdankt sie den Krokodilen, die schlapp unter einer nahen Schleuse im Wasser liegen und einen pädagogisch äußerst

Touristischer Luxus wie der Pool des Refúgio Ecológico Caiman dringt vor in die Weite des Sumpflandes. Hotels sollen Wohlstand in die Wildnis bringen

Der Pantanal hat zwei Gesichter. In der Regenzeit wird die Ebene zur Seenplatte

Cuiabá und Campo Grande sind die wichtigsten Ausgangspunkte für Touren

ungünstigen Einfluss ausüben. Dass arbeiten muss, wer überleben will, gilt für sie nicht. Sie liegen in den Wasserstrudeln mit aufgesperrten Rachen, die sie nur zuklappen lassen, wenn ein Fisch in ihre Zahngehege geschwemmt wird.

Seit dem Abschussverbot der frühen achtziger Jahre und den Krokoleder-Boykotten der Boutiquen in São Paulo und anderswo lohnt sich das Wilderer-Geschäft nicht mehr. So vermehren sich die Kaimane ungestört, „bis zur Plage", wie einer der Führer, ein ehemaliger *fazendeiro*, murmelt. Und sie kriegen alles hineingestopft, ohne eine Kralle zu rühren.

Das Paradies, soviel steht fest, verdirbt die Sitten. Wieso, fragt sich da ein siebenjähriger Junge, kriege ich dann kein Videospiel, Eis, Coca-Cola, nur weil ich da bin? Oder wenigstens einen blauen Stoff-Ara oder eines dieser Leoparden-T-Shirts aus dem üppig bestückten Souvenirshop der Fazenda?

Gleich am nächsten Morgen – und mit Morgen meint man im Pantanal so etwas wie Schöpfungsfrühe, also Millionen Jahre bevor man normalerweise aufsteht – geht es im Jeep über die rotbraune Piste hinaus in die Savanne. Ibisse staksen durchs Gras, ein Tuiuiú senkt seinen schwarzen Schnabel wählerisch ins Schilf, auf einem Baumwipfel streitet ein Ara-Pärchen, und plötzlich bremst das Vehikel. Der Führer weist nach vorne auf die Piste, auf die beiden Wildschweine rund 100 Meter weiter, und dein Sohn fragt: „Was machen die da?"

„Erklär' du es ihm", sagt deine Frau und beugt sich über den Reiseführer. „Sie machen Kinder", sagst du. „Quatsch, die kämpfen", sagt dein Sohn, „so früh am Morgen". „Und so lange", sagt deine Frau verträumt.

Tatsächlich sind die Schweine der buchstäbliche Höhepunkt des Pantanal in seiner Eigenschaft als durchaus beeindruckende Hitparade der Natur. Denn genau das ist er für den Ökotouristen – in der Boutique liegen Checklisten aus, in die man seine fotografischen Abschüsse eintragen kann. Nachdem also das *porco monteiro* fotografiert ist, wird in der Gruppe nervös geblättert. Nandu? Haben wir. Schlangenhalsvogel, Falke, Jabirustorch? Abgehakt. Blauer Ara, Wasserschwein, Pampashirsch? Längst erledigt. Es gibt nichts mehr zu tun!

Die Silberlöwen und Waschbären und Ottern verbergen sich hartnäckig in diesen Tagen, und in deiner Gruppe murmeln einige von der Üppigkeit der Serengeti – es ist nur logisch, dass die Tierparadiese des Planeten unter den Bedingungen der Globalisierung in direkte Konkurrenz zu einander treten.

Und genau das ist der Punkt, an dem der Pantanal sich öffnet. An dem er lässig seinen touristischen Höchstleistungscharakter abstreift. Nun kannst du die Flussfahrten unter der Himmelskuppel genießen, die Ausritte, die Stille, die durchbrochen wird von Vogelschreien, und dich interessiert nicht mehr, wer da kreischt. Du bist glücklich in deiner Ahnungslosigkeit, und du weißt, du bist angekommen.

Die Fazenda Caiman liegt im südlichen Teil des Pantanal. Am westlichen Rand liegt Corumbá, die Grenzstadt zu Bolivien, die in einem weniger beschaulichen Rhythmus schlägt. Es ist die wichtige Endstation eines Pantanal-Trips, denn es ist der Punkt, an dem du wieder aufwachen darfst.

In Corumbá landen die Angler aus São Paulo, Rio und Porto Alegre. Sie lassen sich mit der „Kalypso" den fischsatten Rio Paraguai hinaufschippern, haben Bier an Bord und Karaoke und Kühlkammern für den Fang, und plündern, was die Wasser hergeben.

Ansonsten laufen Schmuggler mit Plastiktüten voller Kokain aus dem bolivianischen Barackengewirr über die Grenze, und ab und zu steigt ein gewisser John Grisham im Hotel Nacional Palace ab, der dem Pantanal mit seinem Bestseller „Das Testament" ein raues Denkmal gesetzt hat.

Grisham, Laienprediger in Shorts und T-Shirt, freundlich und sehr inkognito – von hier aus bricht er auf zu seinen Missions-Trips, zu den isolierten Indiosiedlungen im Norden, mit Medikamenten gegen die zahlreichen Krankheiten, mit Werkzeugen für den Kampf gegen die Natur und der Bibel gegen den Lebensverdruss. Hier, in Corumbá, ist der Pantanal ein soziales, ein menschliches Problem, und bisweilen die Hölle.

Das Paradies gibt es dort nur in den Werkstätten von Senhor Vandoni de Barros, in denen die Straßenkinder ein paar Pfennige verdienen können. Kids aus den Elendsquartieren. Sie formen die Tiere des Pantanal aus Ton. Die Tiere sitzen zu Füßen und auf der Schulter des Heiligen Franziskus und lassen sich von ihm aus der Bibel vorlesen. Und aus einem billigen Transistorradio plätschert ein bekannter Song: *„Bate, bate na porta do céu – Knock, knock, knockin' on heaven's door"*.

Werner Rudhart, *geboren 1965, lebt als freier Fotograf bei São Paulo. Gemeinsam mit Autor Matthias Matussek entdeckte er den Pantanal und seine Bewohner – was ihn bei Kaiman und Ameisenbär viel Geduld kostete.*

▶ *Tipp: Fazenda Caiman, s. Magazin S. 106*

Ein fast perfektes Paar

Schönheit bedeutet Erfolg, in der Werbung, im Alltag, im Bett. Der ideale Körper verspricht vollkommenes Glück: Eine Kurzgeschichte über den narzisstischen Kult des modernen Brasilien

Text: Arnaldo Jabor

Es würde die vollkommene Liebesnacht werden. Beide waren zu allem bereit. Er sah umwerfend aus, trieb schon immer Sport, hatte solide Waden, einen festen Po, ein weißes, charmantes Lächeln. Seine Gestik war entschlossen, sein Blick scharf wie der eines Adlers, seine Stimme klar.

Wenn er redete, sprach er über Aktien, Globalisierung und Popmusik. Er glich einer Collage aus all den schönen Gesichtern und Körpern, die Plakatwände und Zeitschriften bevölkerten. Er bewegte sich wie im Rhythmus eines Videoclips, ohne Pause, mit der Präzision eines Handys, um sie an diesem Abend kunstvoll zu umgarnen, hier in dem magischen Motel, in dem sie beide die Kaisersuite bezogen hatten, mit Bettwäsche im Zebramuster auf dem runden Wasserbett, Whirlpool und Sitzmöbeln, ideal für erotische Posen.

Sie betrat das Zimmer wie eine große Raubkatze, ein Panter in ledernem Minirock. Sie, die durch Silikon wiedergeboren war, ihrem Körper in zahlreichen Sitzungen das Fett hatte absaugen lassen, ihn bearbeiten ließ wie ein Kunstwerk. Sie, mit ihren Goldschenkeln, Knöchelkettchen und Stringtanga, mit Intimdeo und der gespielten Lässigkeit eines Top-Models, kam, um ihn zu verführen. Sie pflegte einige kleine Härchen an ihren Schenkeln, die ihr reicher Ehemann (oh, armer betrogener Broker) lecken mochte, sie, eine Frau mit makellosem Lächeln, fieberndem Blick, einem Mund, der falsche Ängstlichkeit vortäuscht, ihr echtes Ich versteckt unter Schmuck und Schminke.

Sie war gerüstet für den absoluten Erfolg, den vollkommenen Sex, den Höhepunkt des postmodernen Narzissmus. Der begehrte Mann sagte Sätze wie „Ich mag Pagode, aber bevorzuge Axé-Musik", sie antwortete, „Es kommt darauf an, ich bevorzuge italienische Musik." Er sang sofort *„dio come ti amo"*, sie stimmte ein, während er ihr den ersten Kuss gab, nicht ohne die Pose im Spiegelbild mehrfach zu überprüfen. Sie stieß einen Seufzer der Ekstase aus, in gedanklicher Vorbereitung auf die große Nacht, die gerade hier, im Crazy Love Motel, begann.

Nur die Spiegel würden Zeugen sein, beim Ausbruch des Vulkans, beim Aufeinandertreffen der Sex-Titanen. Der perfekte Mann der Gegenwart und die neu geschaffene Frau, beide bereit für die tiefe Begegnung, die sie in eine mondheulende Maschinerie verwandeln würde, in zwei frenetische Zahnräder, ineinander gekeilt bei der fabelhaften, sexuellen Vereinigung des 21. Jahrhunderts.

Natürlich streiften haarfeine Sorgen und Zweifel die Gedanken der beiden, aber sie waren beruhigt. Er hatte seine Viagra-Tablette genau vor einer Stunde genommen, ein Prozac für positives Denken bereits in der Mittagspause. Sie schluckte schon ihr Lexotan, dachte an ihren Ehemann, als nütze sie ein perverses Aphrodisiakum, erinnerte sich, wie er arbeitet, während sie bereit ist, sich einem anderen hinzugeben.

Dunkle Wolken depressiver Gedanken wurden verjagt wie lästige Fliegen, vertrieben durch Zungenküsse, intensiver als das vorhandene Verlangen, und übertriebene Liebesseufzer, die sich in Wolllust überboten, weil dies nicht einfach eine Verabredung war, sondern der Kampf um den Oscar für die beste Hauptrolle an diesem Abend.

Er hätte fast einen depressiven Rückfall erlitten, als im Whirlpool der Silikonbusen der Frau oben schwamm und ihn an die Entchen am See seiner

Nackte Busen sind am Strand verboten. Doch beim gegenseitigen Abtaxieren fallen Tabus

Kindheit erinnerte. Sie schwankte und wurde für kurze Zeit unsicher beim Anblick seines Gliedes, noch ein wenig traurig, ohne lebendigen Geist, ein bisschen angeberisch als halbe Portion; doch alle Schatten wurden von der Hoffnung auf die Macht der mondänen Liebe verjagt.

Man konnte sich den Orgasmus nicht vorstellen, der das ganze Motel beben lassen würde, der die weiteren liebenden Gäste voller Neid erfüllen und das Hotelpersonal beunruhigen würde, ein vollkommener perfekter Orgasmus, fast politisch, der große Urknall eines modernen und neuen Brasilien, das sich dem Rest der Welt präsentieren will.

Sie beide waren Darsteller des Luxusschocks, der das Land durchlief, in Zeitschriften und Magazinen, in Relax Sauna Clubs und auf Funk-Parties. Sie waren nicht auf der Suche nach Liebe, sondern sie wollten ein Tor schießen, den absoluten Lustrekord brechen, die Krönung der narzisstischen Ideologie feiern.

Er und sie, beide Maschinen, koppelten sich langsam aneinander, der Kreislauf der anmutigen Körper überschwemmte sich mit Lebensflüssigkeit, die Brüste wurden immer fester, die Lippen befeuchtet, die Hände wanden sich, aber komischerweise empfanden sie beide nichts, selbst als sie das Liebesstöhnen intensivierten.

Alle möglichen Stellungen probierten sie aus, mit schiefen Blicken an die Spiegel, die Techno-Musik lief, die Küsse multiplizierten sich, aber sie fühlten nichts, und eine kalte Verzweiflung packte sie beide, was ihn noch eine Viagra-Tablette schlucken ließ und ihr Stöhnen verdoppelte, in Gedanken bei dem Neid, den ihre Freundinnen empfinden würden, konzentriert auf ihren eigenen perfekten Po und ihren weinenden, betrogenen Ehemann, bis ein gellender Schrei die Techno-Musik kreuzte.

Nein. Es war nicht der lang ersehnte brasilianische Orgasmus. Nein. Es kam gar nicht zur Liebes- und Lustexplosion, nur ein Knall und entsetzliches Geschrei, der Mann mit einer unerträglichen Erektion, ein intensiver, unzerbrechlicher, zum Himmel ragender Penis, überschwemmt von einer bitteren Silikonwelle, im Versuch den übergroßen Busen zu stützen, der wie ein defekter Schlauch leckte, unter dem Gejammer der Frau, die ihre aufgerissene Narbe zu stopfen versuchte.

Beide waren am Boden zerstört, im Spiegel zuckten ihre Gesichter in Panik, sie rannten umher wie zwei kleine, ziellose Mäuschen, beide waren schnell angezogen, rennend, fliehend ins Krankenhaus, wo sie sofort behandelt wurden, weil sie gut aussahen und im silbernen BMW vorfuhren.

Sie weckten die Neugier aller Krankenhausangestellten, weil sie – wie es die Krankenakte offenbarte – „im Notfall" behandelt wurden. Sie bekam eine Kompresse auf ihren leckenden Busen, und er unterzog sich kalten Duschen, um sein stark geschwollenes Glied zu senken. Beide wurden zu einem ewig belustigenden Fall für die Ärzte im Dienst, zum großen Witz ihrer traurigen Nächte in diesem grell beleuchteten Krankenhaus, ihrer Nächte mit Verunglückten und Opfern verlorener Schussprojektile.

Arnaldo Jabor, *Jahrgang 1940, Regisseur und Journalist aus Rio de Janeiro, ist Kolumnist mehrerer brasilianischer Tageszeitungen und bekannt für seine scharfzüngige Auseinandersetzung mit gesellschaftlichen Themen.*
Bettina Täuber-Tahan *übersetzte aus dem brasilianischen Portugiesisch.*

Die Tänzerin Adriana wird dabei sein, wenn die Acadêmicos da Rocinha auftreten. Die Proben haben längst begonnen, und das Kostüm, genäht in der Favela, ist fertig, vier Monate vor Karneval

Das kurze Glück der Fantasie

Rocinha tanzt und zittert, wenn der Karneval naht. Rios größte Favela schickt ihre Sambaschule ins Rennen. Die Show ist der ganze Stolz der Siedlung: Glanz und Glamour statt Alltag und Elend

Text: Ruedi Leuthold, Fotos: Sven Creutzmann

Arme Hütten, schöner Blick: Wer im oberen Teil Rocinhas lebt, sieht hinunter auf die Hochhäuser des Nobelviertels São Conrado. Das eigene Heim kann schon der Regen zum Einsturz bringen

Morgens um fünf nach der Parade: Müde Tänzer gönnen sich ein Bier in der Kneipe. „Erziehung" fordert die Aufschrift am Federschmuck

Auf der Stirn der Königin perlt der Schweiß: Eloane nach dem Auftritt im Sambódromo. Mit ihrem Tanz regierte sie den Taumel der Menge

Der letzte Schliff am Styropor der Meerjungfrau: Piedro Carlos, einer von vielen Helfern, bessert nach. „Und Gott schuf die Frau" ist das Motto seines Fest-Wagens

Seht, seht sie an. Wie hoch die Königin das Näschen wieder trägt. Leicht dreht sie den Kopf. Ihr langes Haar, zu zwei Dritteln fremd, ist kunstvoll gezöpfelt, nach einem Tag konzentrierter Friseurkunst. Schwarz und eng ist ihr Rollkragenpullover, darüber das Goldkettchen. Schwarz und eng sind die Jeans, dazu die weißen Schuhe mit Sohlen so hoch wie Ziegelsteine.

Die sich drängenden Passanten in der engen Gasse machen ihr Platz. Wie stolz sie den Berg hinaufgeht, den schweren Zopf, das klobige Schuhwerk spazieren führt. Das ist der unnachahmliche Gang von Eloane, Königin der 300 Trommler. Königin der Sambaschule von Rocinha, der größten Favela von Rio de Janeiro.

Noch vier Monate bis zu diesem Samstag, dem 2. Februar, abends um acht Uhr. Dann werden die Acadêmicos da Rocinha mit fünf Wagen, zwölf Meter hoch, 16 Meter breit, und 2000 Akteuren in das Sambódromo, Rios Karnevals-Arena, einfahren und 80 Minuten lang die Trommeln schlagen und die Hüften zucken lassen. Sie werden hundert Mal ein einziges Lied wiederholen und damit hoffentlich wieder in die Kategorie der 16 besten Sambaschulen aufsteigen. Werden hoffentlich zu jenen gehören, die sonntags und montags defilieren, mit 4000 Menschen und noch größeren Wagen aufwarten.

Geht es der Sambaschule gut, geht es der Favela gut.

Eloane, die tanzend auf die Welt kam, Samba tanzend, wie die Leute in Rocinha sich flüsternd versichern, wird die Trommler anführen, bis die Meute der ihr nachsetzenden, hämmernden, wirbelnden Männer, bis die

Tänzerinnen und Tänzer auf den Wagen, bis die Flügel der Kinder, der Frauen, der Alten, bis die Zuschauer und die ganze Welt wieder ins Delirium rauschen.

Eloane, Tochter des alten Carlinho, Cousine des verstorbenen Guga, des besten Fußballers, den die Favela je hervorbrachte. Jetzt ist sie oben angekommen, wartet auf der Straße Nummer zwei, die steil und kurvenreich aufwärts führt, tut, als bemerke sie die Burschen nicht, die den Motor aufheulen lassen, wenn sie auf ihren Motorrädern an ihr vorbeibrettern.

Drei Straßen erschließen die Favela von Rocinha, und so heißen sie auch, die Eins, die Zwei, die Drei, von den Hauptadern drehen unzählige Wege ab, bilden neue Verzweigungen, steile Treppen ranken sich hoch, Tunnel untergraben abenteuerliche, mehrstöckige Bauwerke, enge Seitenpfade, in denen sich kein Regenschirm öffnen lässt, drehen ab, und niemand weiß, wie viele Menschen in diesem Labyrinth zu Hause sind, 100 000, 200 000 oder 300 000.

Hört, sind das nicht Schüsse auf dem Hügel oberhalb von Ipanema? –

Beim Karneval nehmen ihn die Trommler ins Schlepp: Der gelähmte Mikell mit dem kleinen Sohn Michael Owen

Ach, das waren doch bloß drei kleine Feuerwerksraketen. Eine Warnung für *O homem*, dass Polizei in die Favela eingedrungen ist.

O homem, der Mann.

Die Königin steigt in den alten klapprigen Bus, majestätisch, als trüge sie einen Eimer Wasser auf dem Kopf so wie ihre Mutter, die das Wasser noch schleppen musste, als sie vor Jahren eine Hütte aus Blech und Holz auf den Hügel des Elends stellte. Aus den Hütten sind mehrstöckige Bauten geworden, die Hauptstraßen wurden gepflastert, und Eloane, sechs Schuljahre, ist Telefonistin bei der Sparkasse des Staates von Rio de Janeiro, verdient im Monat 400 Real, 160 Euro.

Langsam keucht ihr Bus aufwärts auf der Straße Nummer zwei, glutrot taucht die Sonne weg. Atemberaubend ist jetzt der Blick über Rio de Janeiro, Corcovado, Zuckerhut, die weißen Strände von Ipanema, Copa-

Grelle Farben, pralle Formen: Luciano (l.) entwirft Kostüme und Wagen, Mauricio unterhält die Werkstatt, in der die Kulissen für das große Spektakel entstehen

cabana. Obwohl sich die Favela längst zur Siedlung ausgewachsen hat, ist das Bewusstsein in den Köpfen gleich geblieben: Unten, die leuchtende Stadt, das ist der Asphalt. Oben, den Sternen nahe, der Lehmhügel. Beim Karneval treffen sich die Kultur des Asphalts und die des Lehmhügels, befruchten sich gegenseitig, lösen sich auf für einen kurzen, dreitägigen Taumel.

Sagt Luciano, der Regisseur der Sambaschule von Rocinha, Sohn des Asphalts, weiß und schwul, Modezeichner, in Bann geschlagen von den Möglichkeiten barocker Prachtentfaltung, die der Karneval einem schöpferischen Geist bietet. „Die Zeitung des Volkes", das wird das Thema des nächsten Umzugs sein.

Eine halbe Million Real (200 000 Euro) wird die 80-minütige Euphorie verschlingen, die Dramaturgie des Ablaufs hat Luciano im August schon skizziert: Zuvorderst die Kinder als Zeitungsverkäufer. Auf dem ersten Wagen die Schlagzeilen. Auf den folgenden die Forderungen des Volkes von Rocinha: bessere Löhne, Elektrizität, Beseitigung der offenen Abwasserkanäle. Dann Wetter, Sport und zum Schluss, bereits jetzt Quelle freudiger Erregung, die Anzeigen mit all den heißen Angeboten käuflicher Liebe.

Schon wurde eine Skizze des Ablaufs an 70 Komponisten übergeben, 15 Lieder sollten ausgewählt und von Oktober an in wöchentlichen Veranstaltungen dem Volk vorgespielt werden. Jedes Mal scheiden zwei aus, bis schließlich der Samba übrig bleibt, den die Königin der Trommler tanzen wird, 80 Minuten lang, bis zur Erschöpfung.

Die Sambaschule, sagt Luciano – berühmt und geschätzt wie ein Fußballtrainer, solange er mit seiner Truppe aufsteigt, geschmäht und entlassen, sobald er verliert – die Sambaschule hat zwei Funktionen. Sie bereitet auf den jährlichen Höhepunkt vor, die Aufführung einer riesigen, 80 Minuten dauernden Volksoper. Und sie ist auch die größte und wichtigste soziale Institution der Favela.

Seht her, Mikells Hotdog-Stand, auf halber Höhe der Straße zwei gelegen, ist geschlossen. Mikell, der doch immer so pünktlich ist. Ja, Mikell, mit dem wir gestern noch gesprochen haben, der Krüppel, der sich auf seinem Rollbrett halsbrecherisch die steilen Straßen hinunterstürzt, auf Stoßstangenhöhe zwischen Autos und Bussen hindurch, manchmal mit dem kleinen Sohn vorne drauf.

Mikell, der sich trotz seiner Kinderlähmung immer weigerte, in einem Rollstuhl zu sitzen, sich viel beweglicher fühlt auf seinem Brett, ein paar Schlappen an den Händen, um das Gefährt vorwärts zu treiben und wieder abzubremsen. Mikell, der sich Do-

Unterschiede gehen unter: Beim Straßenkarneval von Ipanema tanzt Reich neben Arm, Alt neben Jung, Brasilianer neben Tourist. Nur Sound und Rhythmus zählen

Proben werden zur Party. Wöchentliche Routine in Rocinha

nald Duck auf den kräftigen Oberarm tätowieren ließ. Der seinen Sohn Michael Owen getauft hat, nach dem englischen Fußballspieler. Der sich als Kind in die Reihen der probenden Musiker schlich, sich das Instrument eines müden Trommlers schnappte und darauf hämmerte, bis der Meister die Probe abbrach.

Wenn du ein Jahr lang übst, nehmen wir dich mit, versprach er, Mikell übte, und seither nehmen ihn die Trommler an Seilen ins Schlepp, wenn es auf die große Avenida geht. Auf dem Rollbrett ist das *repenique* befestigt, sein Schlaginstrument, zwei Schläge mit dem Stock, einer mit der linken Hand, vorneweg tanzt Eloane.

Mikell ist nicht gekommen. Der immer gut gelaunte Mikell, der den besten Hotdog in Rocinha macht. Mikell, 29-jährig, der am Karneval zum ersten Mal küsste. Der dabei war, als 1988 die Acadêmicos da Rocinha gegründet wurden, als Vereinigung dreier kleiner Sambagruppen.

Immigranten aus dem Nordosten hatten Rocinha gegründet, Einwanderer aus Pernambuco und Ceará, Menschen, die nicht den Samba im Blut haben. Aber Rocinha wuchs und wollte eine Stimme haben im Konzert der großen Stadt. Mikell erlebte den märchenhaften Aufstieg der Acadêmicos da Rocinha, der jüngsten der großen Sambaschulen von Rio de Janeiro: 1997 erreichten sie die Kategorie der Besten. Dann wurde ihr Präsident ermordet. Die Acadêmicos stiegen ab, bis die Alten, die Gründer Rocinhas, das Heft in die Hand nahmen, damit die Schule wieder ihren gebührenden Platz bekomme.

Mikell ist nicht gekommen. Mikell, der uns verriet, wie man in der Favela friedlich überleben kann.

„Gibt es viele Banditen in der Favela“, fragten wir.

„Nein“, antwortete Mikell.

Dann, nach einer Pause: „Es gibt keine Banditen. Die Leute sprechen von *O homem*, dem Mann.“

„Wer ist *O homem*?“

Mikell sagte: „Um in der Favela respektiert zu werden, musst du die anderen respektieren. Du musst wissen, wann es Zeit ist zu reden. Und wann zu schweigen.“

Dann schwieg er.

Am Platz des Abfalls verlässt die Königin den Bus. Es stinkt, die Müllabfuhr kommt erst am Sonntag, fette Ratten bedienen sich ungeniert, doch seht nur, wie gelassen Eloane über Schmutz und Dreck steigt. Sie geht hinauf, vorbei an dem Haus, das vor Jahren in einer Regennacht einstürzte und die Bewohner unter sich begrub. Macht Pause in Nilos Birosca, um für ihre Kinder, ein- und achtjährig, von der Schwester gehütet, eine Süßigkeit mitzubringen. Ihr Mann, Wärter in einem Supermarkt, kommt erst spät.

Die Birosca von Nilo hat immer Besucher, es gibt Zuckerrohrschnaps, Bier, Cola light für Eloane. Auch Marly ist da, die vor Jahren Königin der Trommler war, berühmt dafür, dass sie immer neue Schritte improvisierte.

Hört, was Marly berichtet: „Und dann, nach dem Karneval, luden mich die Nachtclubbesitzer zum Vortanzen ein, ein Spanier kam, musterte mich

Unglaublicher Aufwand für eine Parade der Fantasie: die Sambaschule Mangueira, Rivalin der Acadêmicos, beim Zug durchs Sambódromo

von Kopf bis Fuß, ‚bist ein hübsches Mädchen', meinte er, ‚wenn du brav bist, bring ich dich nach Europa'. Und ich sagte ihm, ‚weißt du, was du bist, du bist ein verdammter Sklavenhändler, handelst mit schönen Mulattinnen und machst sie zu Huren'. Und der Spanier sagte zu meinem Chef: ‚Ich hätte sie genommen, wäre sie bloß nicht so hochnäsig'."

„Ja", stimmt Eloane zu, „einige Mädchen haben ihr Glück gemacht im Ausland. Andere kamen zurück, zerstört und krank vom Alkohol."

„Habt ihr schon gehört", sagt Nilo, der Besitzer des Schuppens, „ein paar Leute haben Mikell vom Rollbrett gerissen, haben ihm Prügel verpasst."

„O homem", sagt einer.

„Konnte wohl seinen Stoff nicht bezahlen."

„Hast du gehört?", fragt Marly die jüngere Freundin, „am Samstag beginnen die Proben!" – „Weiß nicht, ob ich hingehe", mault Eloane. „Niemand hat mich gefragt."

„Aber doch", schimpft Marly, „die Trommler brauchen eine wunderbare Tänzerin wie dich." – „Dann sollen sie mich bitten", mault Eloane, die Königin der Trommler, wirft leicht ihr langes, gezöpfeltes Haar zurück.

Und Luciano, fährt Marly fort zu schwärmen, hat seine Visionen zu Papier gebracht. Die Arbeit in den Baracken fängt an. Mit Styropor, Glasfiber und Schaumgummi verwandeln 100 Arbeiter die Wagen in bunte Träume. Tag und Nacht arbeiten die Näherinnen an den Kleidern. Dann die Angst, ob alles rechtzeitig fertig wird. Die unerträgliche Spannung, ob die Aufbauten halten, alle 2000 Leute an der richtigen Stelle stehen. Das wunderbare Gefühl, auf dem Asphalt zu tanzen, der Stolz von Rocinha, der größten Favela von Rio de Janeiro.

Eloane schweigt.

Aber seht das schöne, braune Gesicht, seht die prüfenden Augen. Die Königin ist erwachsen geworden.

Hört, was sie zu sagen hat: „Es war der schönste Augenblick in meinem Leben, als ich zur Königin der Trommler ernannt wurde. Das kann mir niemand wegnehmen. Aber für diese drei Tage des Wahnsinns lasse ich nicht mehr alles liegen. Nachher hat die Realität dich wieder. Wenn jetzt einer kommt und mich nach Europa mitnimmt, um dort zu arbeiten, als Putzfrau, als Kindermädchen, ich würde Mann und Kinder verlassen und gehen. Ja, das würde ich tun."

Und dann zahlt Eloane ihre Cola, die Süßigkeiten für die Kinder. Seht, wie stolz sie heimwärts geht, sie wird auf dem Gaskocher Reis und Bohnen wärmen für ihre Kinder.

„Aber du machst doch wieder mit", schreit ihr Marly nach.

Eloane bleibt stehen, dreht langsam ihren königlichen Hals.

„Aber klar doch."

Ruedi Leuthold, *geboren 1952, ließ sich von den Acadêmicos zum Samba überreden. Mit größter Höflichkeit, berichtete er, hätten die Tänzer seinen Schweizer Stil „innovativ" genannt.*
Sven Creutzmann, *geboren 1962, lebt als Fotograf auf Kuba. Für* MERIAN *dokumentierte er auf mehreren Reisen den Karneval und seine Vorbereitungen.*

Cowboys auf dem Sprung

Einmal im Jahr kommen die Bullen nach Barretos. Und mit ihnen Reiter, Saloons und Westernshops. Aus Kämpfen um Sekunden wird eine zehntägige Show: das zweitgrößte Rodeo der Welt

Text: Rainer Fabian, Fotos: Christopher Pillitz

Acht Sekunden muss sich der Reiter auf dem Bullen halten. Wer vorher stürzt, scheidet aus und „beißt in den Staub", wie es im Rodeo-Slang heißt

NESTLÉ QUER VOCÊ NA
PROMOÇÃO DO PAÍS

Wildwest ist Kult. Wenn Barretos feiert, liegt Dallas näher als São Paulo

Der hochgerissene Arm, das mit der Hinterhand auskeilende Pferd, Hufe, die den Sand aufwühlen: Ein Genrebild amerikanischer Rodeo-Kultur fliegt durch die Arena, tausendmal gesehen. Monument und Nippes.

Ein anderes vertrautes Bild tritt auf, Zorro aus den Comics: schwarz der Sombrero, schwarz das Hemd und die Lederchaps. Doch Zorro ist blond, eine Frau, und ihr Ritt wilde Akrobatik. Die Amazone jagt dem Reiter auf seinem bockenden Pferd hinterher, bis beide Tiere Kopf an Kopf galoppieren, beugt sich über das durchgehende Pferd, packt den Cowboy, zieht ihn sanft zu sich herüber, lässt ihn auf den Boden der Manege gleiten. Es ist eine warme Nacht im August, und das 46. Rodeo von Barretos hat begonnen.

Die Lautsprecher sind angeworfen, die Digitaluhr im Stadion zählt die Sekunden der Ritte, riesige Monitore zeigen die Close-ups der Stürze, live, und über der Arena hängen Rockmusik und das Schreien des Stadionsprechers wie eine schwere Wolke.

„... *vai viajar,* er wird auf die Reise gehen ... *olha*, die Bestie beginnt zu bocken ... *uma máquina quente*, eine heiße Maschine ... *sensacionaaaaal* ... das Tier ist verrückt ... Da! *nossa senhoraaaaaa!* ... der Bulle hat ihn auf die Hörner genommen ... salto mortale... aber der *peão,* unser Cowboy, ist nicht verletzt ... Applaus! Applaus! Für unsere Heilige Mutter Gottes ... jetzt machen wir eine Pause ... *agora faz xixi e toma uma Brahma*, jetzt geht Pipi machen und trinkt ein Bier unseres großartigen Sponsors Brahma."

Das Rodeo-Stadion in Barretos, einer Kleinstadt im Bundesstaat São Paulo, 500 Kilometer von der Stadt São Paulo entfernt, gleicht in diesen Nächten einem erleuchteten Raumschiff, das im Dunkel des Rinderlandes gelandet ist.

Seit 1956 gibt es die Festa do Peão de Barretos. Damals stand in der Stadt noch das größte Kühlhaus für Schlachtfleisch in Lateinamerika, und die Cowboys vertrieben sich ihre Wartezeiten mit Bullenritten. Improvisiert, ohne Regeln, ein rohes Männerspiel. Daraus ist 45 Jahre später das zweitgrößte Rodeo des Planeten geworden. Größer ist nur das in Houston in Texas. 35 000 Zuschauer kommen in das hufeisenförmige Stadion; daneben eine oktoberfestgroße Budenstadt mit Stehrestaurants, Nightclubs, Whiskybars und Shops für *cowboy fashion*. 1,5 Millionen Besucher sind es jedes Jahr.

Die Luft vibriert, die Sounds aus den Lautsprechern hängen wie Metalldunst in der Luft. Es tönt die Kakophonie der Marketingkultur – eine Endlosschleife der Slogans, der Musikclips, des Brüllens der Bullen vom Band, der heulenden Pick-up-Motoren, der Werbespots.

Daneben aber gibt es beim Rodeo noch die anderen, die Figuren des alten, epischen Brasilien der Rinderzüge, der Straßensänger und Volksprediger. Es sind die letzten ihrer Art.

Da ist Pedro Arneiro, ein kleiner, brauner Mann in diesem großen braunen Land, an einem Riemen über der Schulter eine Ledertasche, die mehr Löcher hat als die brasilianischen Straßen, der Hut so alt, „dass er schon Enkelkinder hat". Vor fast 20 Jahren, als Pedros Mutter an Diabetes erkrankte, hatte er der Heiligen der Cowboys, Nossa Senhora da Apareçida, verspro-

Misswahlen fürs Marketing: Jacqueline Brito aus Barretos im weißen Flitterkostüm ist die Königin der Cowgirls

chen, von nun an kleine Figuren der Senhora zu den Rodeos zu tragen. So wurde aus ihm „Pedro, der Wanderer", der Mann, der ein Gelübde erfüllt.

Für die Cowboys ist der 39-Jährige ein lebender Talisman. „Pé de Santa" nennen sie ihn, „Fuß der Heiligen". Und bevor sich für sie das Tor zur Arena öffnet, berühren sie die Heilige, die Pedro ihnen gebracht hat, küssen sie und schlagen das Kreuz.

Und da ist auch der weibliche Zorro, die 21-jährige Tochter eines Viehzüchters, die das Bild des Glamours in das Amphitheater der wilden Kerle bringt und die Kunst beherrscht, verrückte Pferde zu bändigen und Männern das Leben zu retten.

Als andere Mädchen noch mit Puppen spielten, galoppierte Kelly Cristina Trindade schon über die Weiden der väterlichen Farm. Im Alter von 14 Jahren ritt sie als erste Frau Brasiliens in die Arena ein, *para madrinhar*, um die *peãos* „zu bemuttern", wie es im Rodeo-Slang heißt. Seitdem zieht sie mit ihrem Trailer und den beiden Pferden „Black&White" und „Mr. Knight" durch die Provinzen.

Nach ihrem furiosen Ritt in dieser Nacht springen die Zuschauer auf und und ziehen die Stetsons vor ihr. Am nächsten Morgen laufen ihr die Männer nach und lassen sich ein Autogramm mit Filzstift auf den Filzhut schreiben.

Zwölf Monate lang zieht das fahrende Rodeo-Volk durch das Land, transportiert Rinder und Pferde in riesigen Viehlastern von Arena zu Arena. Ein wandernder Wirtschaftszweig der

Aufrecht nach dem Sturz: In der Hand den Kopfschutz, verlässt der *peão*, der Cowboy, die Arena von Barretos

Milliardenumsätze. Hunderte von rollenden Shops, Buden, Wohnmobilen, mechanischen Bullen und Fleischrestaurants sind unterwegs, im Tross Tierärzte, Kampfrichter, Stadionsprecher und die Westernreiter, die „Männer mit den weißen Stirnen". Warum weiß? – „Ein Cowboy zieht den Stetson nur vom Kopf, wenn er schläft oder im Krankenwagen liegt", sagt Pedro.

165 Millionen Rinder weiden auf den grünen Steppen Brasiliens, dreimal so viele wie in Argentinien. Barretos liegt in einer Region, die als das Filetstück des Staates São Paulo gilt. Hier wird das höchste Pro-Kopf-Einkommen Lateinamerikas verdient, hier bewegt sich die größte Pick-up-Kolonne Brasiliens. Die *fazendeiros* sind keine armen Kleinbauern, wie die Farmer im Mittelwesten der Vereinigten Staaten nutzen sie Satelliten, um ihre Ernten rechtzeitig einzufahren.

Brasilien, das Schwellenland, ist auch eine *fazenda* von der Größe eines Kontinents, 280 Milliarden Real (rund 115 Milliarden Euro) erwirtschaftet die Agrarindustrie jedes Jahr mit ihren Monokulturen Sojabohnen, Orangen, Zuckerrohr. Das macht ein Drittel des brasilianischen Bruttosozialprodukts.

Das rasante Spiel von Tier und Reiter gehört zu den populärsten Massenveranstaltungen des Landes. Die 1300 Rodeos im Jahr (in den USA sind es 800) haben siebenmal mehr Besucher als die Spiele der brasilianischen Fußballmeisterschaft, 24 Millionen.

„Country" nennen die Bewohner das Leben in Barretos. Bullenschädel hängen an Haustüren, die Telefonzellen im Fußgängerviertel sind sonnenschirmgroße Stetsons, und die Müllkörbe vor der städtischen Sparkasse riesige Cowboyboots aus Blech. In den Regalen der Eisenwarenläden liegt alles, was Reiter und Pferde brauchen – Halfter, Trensen, Lassos und Steigbügel, selbst die Spielzeuggeschäfte sind Cowboyland: Die Teddybären sind Teddyrinder, beim Monopoly-Spiel kann man mit Farmland spekulieren und Viehherden zu Dollarpreisen versteigern.

Das alljährliche *rodeio completo* in Barretos beginnt mit dem Kinder-Rodeo, bei dem Fünfjährige auf Schafböcken durch die Arena galoppieren; es endet mit den Bullen- und Pferderitten der Männer, mit Bareback, Saddle Bronc und Cutiano. Bei diesen klassischen Disziplinen ist Barretos eine Etappe im Grand Slam der Rodeo-Weltmeisterschaft.

Die Details des brasilianischen Rodeos sind längst made in USA: Der Arenaboden ist ein perfekter Sägemehlteppich, ohne Loch und Stein, frisch gewalzt und geharkt, gegen den Strich und mit dem Strich. An den Sporen des Reiters darf kein Dorn sein, und das *sedém,* das um Hoden und Lenden der Tiere straff gezogene Band, besteht aus weicher Baumwolle oder geflochtenem Pferdehaar. Doping, um die Tiere heiß zu machen, ist verboten.

Wie bei den Gladiatorenkämpfen im alten Rom gehören auch die Tiere zu den Stars. Manche Bullen haben Fan-Clubs, erhalten Geburtstagsgeschenke und werden jubelnd begrüßt, wenn sie ins Stadion stürmen. Sie tragen Namen wie Figuren aus Trash Movies, heißen „Microwave", „Saddam",„Overdose". Den besten Ruf haben die wildesten Bullen, die noch nie einen Reiter acht Sekunden lang auf ihrem Rücken geduldet haben.

Rodeo-Pferde sind verwöhnte Stars. Je störrischer das Tier, desto spektakulärer sein Auftritt – und sein Ruf

Rodeo wird als Sport der harten Männer vermarktet. Die Zuschauer sind von Mut und Reaktionsschnelle fasziniert

Brasiliens Rodeo-Pferde sind eine Elite von 3000 halb wilden Wallachen, die ein feines Leben auf den *fazendas* führen. Pferdebremsen? Moskitos? Zecken? Nichts von allem, ihre Ställe sind luxuriös plagenfrei. Die vierbeinigen Rodeo-Athleten werden shampooniert, mit Nasencreme und Thermodecken gehegt, Wehwehchen kuriert der Veterinär sofort, Neurosen sind willkommen. Denn je störrischer und abgebrühter ein Pferd, desto spektakulärer ist sein Auftritt in der Arena.

„Das Rodeo-Pferd ist wie ein Hundertmeterläufer, es arbeitet nur acht Sekunden am Tag", sagt Kelly. Von der Kritik der Tierschützer an den Kämpfen hält sie nichts. Die Pferde lieben das Buckeln, glaubt sie, denn ist nicht schon das Bocken der Fohlen auf der Weide die beste Art, sich auszutoben? Beim Polo und beim Springreiten seien Stress und Verletzungsgefahr größer, und „mit Stierkampf hat Rodeo schon gar nichts zu tun".

Seit April 2001 gilt das Rodeo-Reiten als Beruf, und der Cowboy, der seine Bandscheiben riskiert in der Hoffnung, einen Pick-up als Trophäe zu gewinnen, ist ein Athlet mit Krankenversicherung und Achtstundentag. Zur Arbeitskleidung gehören Sturzhelm und Schutz für die Zähne, Lederhandschuhe und Spezialstiefel mit abgerundeten Kappen, um die Flanken des Tieres nicht zu verletzen. Manchmal sehen sich die Rodeo-Reiter zu Hause verwackelte Videos von ihren Gegnern an, um deren Technik zu studieren. Technik?

Der Gegner Bulle kann 15 abrupte, kaum berechenbare Sprünge machen. Er bockt, rollt, schlingert, bebt. Was kann der Cowboy dagegen tun? *Nada*, nichts. Er kann nur reagieren. Er passt sich den Sprüngen an, hält sich, festgezurrt, mit der blutenden Hand fest und hofft, nicht als *mala de louco*, als „Rucksack des Verrückten", in der *terra de ninguém* zu enden, im „Niemandsland", das unter den gefährlichen Tritten des schweren Tieres liegt.

Während des zehntägigen Rodeos im August liegt Barretos mit seinen 110000 Einwohnern näher an Dallas als an São Paulo. Cowboy-Outfit ist Kult: Die Jeans muss „Wrangler" heißen, der Schnitt „cowboy cut" – so lang, dass nur noch die Stiefelspitzen zu sehen sind, der feine Lederbesatz muss aus Schlangen-, Straußen- oder Krokodilhaut sein. Die Stetsons heißen „Dallas" und verschaffen ihren Trägern die klassische Eleganz eines John Wayne und J. R. Ewing – nichts verachten echte Cowboys mehr als die Kostüm-Cowboys aus São Paulo, die einen Hufabdruck nicht von einer Reifenspur unterscheiden können. Pomadenhengste!

Es ist Sonntag, großes Finale und letzter Tag im Texas der Subtropen. Auf der 43. Avenue von Barretos wird gefeiert, das Leben ist schön – es ist „country", Wilder Westen. Die Autonummern beginnen mit COW, die Bars heißen „Saloon", auf den T-Shirts leuchtet der rote Schädel des Basketball-Bullen der Chicago Bulls. Brasilianisch ist nur das lebensgroße Kalb aus Ton, das auf einem Autodach steht: Seine Zitzen sind Hähne, aus denen Zuckerrohrschnaps fließt.

Der nächste Morgen ist wie ein Filmriss. Die Arena ist nur noch ein grauer, vom Morgenlicht erfüllter Krater, der Soundtrack verstummt. Brüllende Stille. Irgendwo stehen noch ein paar Gestalten herum. Mehr denn je gleichen sie – Daumen im Gürtel, Stetson bis auf die Augenbrauen gedrückt – den Standbildern und Comic-Helden des Wilden Westens.

Die Rodeo-Stadt ist längst weitergezogen, schon seit Mitternacht sind die *peãos* wieder auf den Highways. Nachts ist es kühl, das ist gut für die Tiere in den Viehtransportern. Ein Lastwagenfahrer hat „Pedro, den Wanderer" mitgenommen. Die Ledertasche auf dem Schoß, schläft er auf dem Beifahrersitz. Kelly sitzt am Steuer ihres Trailers, hört den Asphalt singen und hinter sich das Schnauben ihrer Pferde.

„Bis dann", hat sie zu Pedro gesagt. Wann das sein wird? In ein paar Tagen. Irgendwo gibt es immer ein Rodeo in Brasilien.

Rainer Fabian, *geboren 1935, arbeitet als freier Autor in Rio und hat eine Schwäche für Brasiliens Hinterland, das er beim Rodeo neu entdeckte.*
Christopher Pillitz, *geboren 1958 in Buenos Aires, arbeitet oft in Südamerika. Sein Fotoband „Brazil Incarnate" über Körperkultur in Brasilien erschien 2000 in der Edition Stemmle.*

Barretos ist stolz auf das größte Spektakel im Rinderland. Brasilien feiert 1300 Rodeos im Jahr

Rhythmus liegt den Baianos im Blut. Der Klang der *tambores* prägt Brasiliens schwärzeste Stadt. Drei von vier Menschen hier haben afrikanische Ahnen

Der Herzschlag von Salvador

Die Stadt pulsiert im Takt der Trommeln. Bahia pflegt das afrikanische Erbe: betet zu Göttern mit menschlichen Zügen, lehrt die alten Tänze der Sklaven – und macht Musik, die magisch ist

Text: Nicol Ljubic

Die Musiker von Olodum spielen jeden Sonntag auf dem Largo do Pelourinho. Ihr *bloco afro* wurde zum Markenzeichen der Stadt

Fotos: Timmo Schreiber

Die Stadt ist ein Klangkörper. Immer in Bewegung durch den Anschwung neuer Talente

Gilberto Gil, Vater des *tropicalismo*. Seine Musik machte Bahia berühmt

Auf der Praça da Sé, dem Platz, auf dem sich abends die Verliebten umschlingen, direkt vor der Büste des ersten Erzbischofs von Brasilien, der 1556 von Indianern getötet und verspeist wurde, stehen drei junge Männer und diskutieren. „Ich habe bei Olodum getrommelt", sagt der eine. „Ich bin schon im Maracanã aufgetreten, dem größten Stadion der Welt", sagt der andere. „Und ich", sagt der dritte, „habe schon in der Fruchtblase getanzt. Das Herz meiner Mutter schlug im Samba-Takt." Dann legt er eine Hand auf seinen Bauch und fängt an, sich zu bewegen: Taaa-ta-taa. Die beiden anderen klatschen dazu.

Salvador da Bahia de Todos os Santos ist ein einziger großer Klangkörper, und die wichtigste Beschäftigung seiner Bewohner scheint zu sein, ihn zum Schwingen zu bringen. Überall dröhnen die dumpfen Schläge von Trommeln, die durch die Straßen des Viertels Pelourinho ziehen. Überall der Klang von Berimbaus und Tamburin, das Klatschen, das die jungen Männer beim Capoeira begleitet.

„Hier in Salvador", sagt Liliane Reis, die ich in einer Bar treffe, „ist alles Musik. Die Menschen tanzen beim Gehen und singen beim Reden." Sie ist 27 Jahre alt, Moderatorin einer Musiksendung bei *TV Salvador* und sieht aus wie ein britisches Pop Girlie: rote Haare, geringelte Kniestrümpfe, Plateauschuhe. Brasilianische Musik ist für sie die beste der Welt. Und Musik aus Brasilien ist fast immer Musik aus Bahia: Gilberto Gil und Caetano Veloso, Olodum, Carlinhos Brown, Daniela Mercury und Chiclete com Banana, alle Stars kommen aus Salvador. Warum das so ist? „Wir Baianos sind Afrikaner", sagt Liliane.

Salvador ist die afrikanischste Stadt Brasiliens, von den rund zweieinhalb Millionen Menschen sind mehr als drei Viertel schwarz. Mittlerweile wird die afrobrasilianische Kultur sogar staatlich gefördert – Politiker haben gemerkt, dass sie die Stadt einzigartig und attraktiv macht. Über 200 Jahre lang war Salvador die Hauptstadt Brasiliens, bis sie 1763 von Rio de Janeiro abgelöst wurde.

Die meisten der rund fünf Millionen Afrikaner, die nach Brasilien verschleppt wurden, kamen über Salvador und entwickelten im Lauf der Jahrhunderte zwei Identitäten: Eine wurde als Folge der Zwangstaufen katholisch, die andere blieb den *orixás* treu, den Göttern der afrobrasilianischen Kulte, des *candomblé*.

So werden, wie an diesem Donnerstag, katholische Heilige gefeiert und gleichzeitig *orixás* verehrt: Hunderte von weiß gekleideten Menschen ziehen zur Kirche von São Lázaro, trinken, grillen, trommeln. Die Stimme des Priesters hallt aus einem Lautsprecher. Der Platz vor der Kirche ist übersät mit Popcorn; bevor die Gläubigen die Stufen zur Kirche hinaufsteigen, greifen sie in eine Schüssel, reiben sich mit Popcorn ein oder schütten es sich über den Kopf. Popcorn ist die Lieblingsspeise von Obaluaê, dem Gott, der über Gesundheit, Krankheit und Seuchen gebietet.

Candomblé ist überall, auch wenn nicht jeder Baiano täglich ins *terreiro*, in die Kultstätte geht. Mehr als 3000 davon gibt es in Salvador, manche nicht größer als ein Wohnzimmer, andere komplette Anlagen wie das *terreiro* Opô Afonjá in Cabula. Dorthin begleite ich Cláudio Cajaiba, einen Freund von Liliane.

Er sei wie 89 Prozent aller Brasilianer katholisch, erzählt er im Auto. Die Neugier habe ihn zum *candomblé* gebracht, er wollte wissen, was ihm die Zukunft bringt. Cláudio ist Schauspieler, hat Theaterwissenschaften studiert und geht als Stipendiat nach Berlin, um zu promovieren. Die Heilige Mutter Mae Stella hat ihm die Kauri-Muscheln geworfen und prophezeit, die Zeit in Deutschland werde erfolgreich werden.

Viele kleine Häuser gehören zum *terreiro* Opô Afonjá – eines für jeden *orixá*. Eine alte Frau empfängt Cláudio; er zieht seine Schuhe aus, sie holt eine Schüssel, Wasser, Kräuter und geht mit ihm in ein anderes Haus. Er wäscht sich, zieht weiße Kleider an, legt eine weiße Kette um – weiß ist die Farbe von Oxalá, dem Oberhaupt der Götterfamilie. Das Ritual soll ihn reinigen und schützen. Warum er als Weißer zum *candomblé* geht? „Ich lebe hier", sagt Cláudio, „meine Kultur ist die afrikanische."

Candomblé beherrscht auch die Musik. Die Kraft der Atabaque-Trommeln lässt einen *orixá* erscheinen. Ihre Rhythmen klingen im Samba durch und in der „Axé-Musik", der „Musik der Kraft", die im Karneval von vielen *blocos afros* gespielt wird. „Wir sind verrückte Kreolen, und wir sind völlig okay. Weißer, wenn du wüsstest, welchen Wert der Schwarze hat, würdest du in Teer baden, um auch schwarz zu sein", sang 1975 eine Gruppe schwarzer Männer und Frauen, die mit Trommeln und Rasseln durch die Straßen zog. Der erste *bloco afro* war geboren: Ilê Aiyê. Mit ihm begann die Afrikanisierung des Karnevals.

Das Haus von Ilê Aiyê liegt in Liberdade – „Brasilianisches Harlem" hieß das Viertel in den Siebzigern. Noch immer leben hier nur Schwarze. Ein Wirbel aus hellen und dumpfen

João Jorge, Präsident von Olodum, fördert schwarzes Selbstvertrauen

Musik hilft Menschen, Stolz zu entwickeln. Eine lautstarke Brücke zu den eigenen Wurzeln

Schlägen dringt aus dem Hinterhof, Jungen stehen in Zweierreihen, schlagen Trommeln, die ihnen vor den Bäuchen hängen. Ältere greifen ein, korrigieren den Rhythmus. Die Mädchen tanzen, ahmen die Schritte nach, die Dandha, eine 25-jährige Lehrerin vorgibt: einer nach links, mit Schwung im Becken, dann wieder nach rechts. Viele Kinder hoffen, später durch Trommeln und Tanzen berühmt zu werden, Geld zu verdienen. Und Ilê Aiyê gibt ihnen die Chance.

Außer Ilê Aiyê sind mit den Jahren noch andere *blocos afros* entstanden: Ara Ketu, Muzenza und die bekannteste Gruppe Olodum, die schon mit Paul Simon und Michael Jackson spielte. Heute sind die *blocos afros* mehr als nur Karnevalsgruppen: Sie unterrichten Kinder im Trommeln, Singen, Tanzen, aber auch in Informatik und afrobrasilianischer Geschichte. „Ziel ist die Wiedergewinnung der afrobrasilianischen Identität", sagt João Jorge, Präsident von Olodum, „und Musik ist dafür das wichtigste Medium. Mit Musik erreichen wir jeden in dieser Stadt."

João Jorge sitzt im dritten Stock des Olodum-Hauses und redet davon, dass Schwarze stolz sein sollten auf ihre Herkunft. Er erzählt vom Kampf gegen die Unterdrückung, von Bürgerrechten und wie wichtig es sei, diese den Kindern zu vermitteln. Aufklärung kostet Geld, und wie kein anderer *bloco afro* hat es Olodum geschafft, sich zu vermarkten: Das Repertoire im Laden reicht von Bermuda-Shorts mit Olodum-Signet bis zum Olodum-Schnaps. An der Wand hängen Fotos vom Video-Dreh mit Michael Jackson im Pelourinho, dem Zentrum afrobrasilianischer Kultur.

Das Viertel Pelourinho hat kaum noch Ähnlichkeit mit dem Elendsquartier, das es vor zehn Jahren war: berüchtigt für Drogenhandel, Prostitution und Gewalt. 1985 erklärte die Unesco den „größten Barock-Slum der Welt", wie Gilberto Gil das Viertel einst nannte, zum Kulturerbe der Menschheit. Seit 1992 wurden hunderte von Häusern restauriert. Aus dem Rotlicht- wurde ein Touristenviertel, mit Souvenirläden, Konzertbühnen, barocken Kirchen, bunten Häusern und viel Polizei.

Im Pelourinho liegt auch Mestre Bimbas Capoeira-Schule, die älteste von Salvador. Ursprünglich wurde Capoeira von den Sklaven als Kampftechnik entwickelt, und die begleitende Musik diente als Tarnung, um die Kolonialherren im Glauben zu wiegen, ihre Sklaven tanzten afrikanische Riten. „Viele Europäer", sagt Mestre Bamba, Schüler von Mestre Bimba, „halten Capoeira für exotisch. Für uns aber ist es die natürliche Art sich zu bewegen." Mestre Bamba spricht langsam, fast apathisch, doch als er sich unter seine Schüler mischt, werden seine Bewegungen so schnell, dass ich froh bin, freundlich zu ihm gewesen zu sein. Den Schülern, einer Gruppe von Ausländern, fehlt jeglicher *ginga*, Fluss. Ihre Bewegungen sind kantig. *Ginga*, heißt es, hätten eben nur die Baianos.

Stolz sind sie auf ihre Stadt. Liliane ist fast beleidigt, als ich von Rio als Wiege des Karnevals rede, wo doch Salvador den größten, buntesten, längsten Karneval hat: eine Woche lang, mit über zwei Millionen Menschen, die durch die Straßen ziehen. Nirgendwo sonst wären die Erfinder des Trio Eléctricos damit so berühmt geworden wie in Salvador: Dodô und Osmar, die 1950 zwei Lautsprecher auf einen Ford 209 montierten und damit den Karneval revolutionierten. Wenn sich die Trio Eléctricos beim Karneval mit 120 000 Watt durch die Straßen schieben, würde anderswo der Putz von den Häusern rieseln. In Salvador aber wurden zwei Drittel aller Gebäude erst in den siebziger Jahren gebaut, als die Chemieindustrie wirtschaftlichen Aufschwung brachte.

Zu den Kolonialbauten kamen damals Hochhäuser, die so planlos entstanden, dass man sie einfach durchnummerierte. Dazwischen stehen rote, unverputzte Ziegelsteinbaracken – Slums, die in den Augen der Wohlhabenden wie Geschwüre durch die Stadt wuchern. Die Reichen sind längst in die Strandviertel gezogen, nach Barra, Rio Vermelho, Pituba.

Es ist Mitternacht, als ich mit Liliane die Promenade entlangfahre, das Meer zur Rechten, Schaumkronen im Mondlicht, laute Musik im Auto. Müde sei sie, weil sie die Nacht zuvor durchgefeiert habe, wolle nach Hause. Nur ganz kurz noch in einen Club in der Nähe, wo gerade eine Rockband spielt.

Bis morgens bleibt sie, weil sie einmal zu tanzen angefangen, nicht mehr aufhören kann. So bleiben wenigstens die Stühle frei, für hüftsteife Europäer wie mich. Und während Liliane immer noch tanzt, setze ich mich, erschöpft nach einer Woche in dieser ewig feiernden Stadt, und schlafe ein.

Nicol Ljubic, *geboren 1971, stellte fest, dass Interesse an Musik in Bahia vieles entschuldigt. Zum Beispiel, den Besitzer eines Plattenladens für eine CD nachts aus dem Bett zu klingeln.*
Timmo Schreiber, *geboren 1974, freier Fotograf aus Hamburg, arbeitet an seinem Bildband „Candomblé – das Jenseits der schwarzen Götter in Bahia".*

Vor der Kirche von Bonfim wird Capoeira getanzt. Katholiken und *candomblé*-Gläubige beten hier einmal im Jahr gemeinsam

Fotos: Timmo Schreiber

Der Urwald heilt

Auf der Suche nach neuen Wirkstoffen setzen Pharmafirmen auf das Wissen pflanzenkundiger Indianer. Denn der Markt für Phytopharmaka garantiert Profit. Aber wem gehört Amazoniens Artenreichtum, und wer darf ihn nutzen?

Text: Walter Tauber

Eine Stunde nach dem Start in Brasília verschwinden die letzten Straßen und Farmen. Nur die Mäander der Flüsse unterbrechen die Monotonie der Baumkronen. Sich hier zu verirren wäre der Tod, doch der Buschpilot, der jünger ist als seine Cessna, fliegt zielgenau auf eine Urwaldlichtung im Xingú-Reservat zu. Er dreht eine Begrüßungsschleife über dem Ring von *malocas*, den runden Häusern aus Palmenblättern, in denen die Großfamilien der Kamayurá-Indianer leben, setzt dann auf der holprigen, in den Urwald geschnittenen Schneise auf.

Der große blonde Holländer, der mit uns aus der Cessna steigt, war schon oft zu Besuch bei Takumã, dem Häuptling und Schamanen der Kamayurá. Marc van Roosmalen ist Biologe, und Takumã zeigt ihm die Pflanzen, die er benutzt, um kranke Stammesgenossen zu heilen. „Er bat mich, sein Wissen aufzuzeichnen", sagt Roosmalen. „Er hat Angst, keinen Nachfolger zu finden."

Roosmalen ist Ethnobotaniker. Er sucht nach unbekannten Pflanzen und erforscht die Nutzung bekannter Spezies mit Hilfe von Pflanzenkundigen wie Takumã. Das Wissen der Indianer ebnet der Pharma-Forschung den Weg zu neuen Wirkstoffen, denn der Markt für pflanzliche Arzneimittel, genannt Phytopharmaka, ist gigantisch.

Weltweit werden im Jahr Medikamente für 320 Milliarden Dollar verkauft. Rund 30 Prozent dieser Heilmittel sind pflanzlichen Ursprungs. Von den 265 000 Pflanzen-Spezies der Erde sind weniger als ein Prozent auf ihren Gehalt an medizinisch nutzbaren Wirkstoffen untersucht worden. Dabei verwendet die Pharma-Industrie nur eine von 10 000 analysierten Pflanzen.

Ein Treffer kann gewaltige Gewinne einfahren: Die US-amerikanische Firma Eli Lilly in Indiana entwickelte in den fünfziger Jahren die Präparate Vinblastin und Vincristin aus einem tropischen Immergrün. Diese Standardmittel gegen Hodenkrebs und Kinderleukämie haben der Firma hunderte Millionen Dollar Profit gebracht. Auch Aspirin wurde ursprünglich aus Weidenrinde gewonnen. Erst 1874 konnte Acetylsalicylsäure industriell und damit billiger hergestellt werden. Der Darmstädter Merck-Konzern versucht sogar, Jaborandí-Pflanzen in Brasilien anzubauen, deren längliche Blätter das Alkaloid Pilocarpin enthalten. Diesen Wirkstoff nutzt Merck für ein Mittel gegen grünen Star. Die Alkaloid-Erträge sind jedoch enttäuschend, deshalb müssen Sammler in den Urwald.

„Die Amazonas-Region ist eine riesige Apotheke", sagt Roosmalen, „ein Laboratorium, in dem sich Pflanzen und Tiere seit Millionen Jahren einen chemischen Krieg liefern." Die Gifte, mit denen sich Pflanzen vor Insekten schützen, könnten vom Menschen nutzbar gemacht werden. Dazu gehören Alkaloide wie Nikotin, Strychnin, Morphin oder das fiebersenkende Malariamittel Chinin. Zwei Drittel aller Pflanzenspezies wachsen in den Tropen, und gerade diese Fülle mache seine Arbeit so schwierig, sagt Roosmalen. Denn wie ordnet man Heilkräfte und Krankheitserreger einander zu?

Genau daran haben die Indianer mit der simplen Methode des Ausprobierens seit Jahrtausenden gearbeitet. Wie sie dabei vorgingen, zeigt uns Takumã. Wir folgen dem Häuptling über einen schmalen Pfad in den Urwald. Mit der Machete hackt er den Weg frei, bis er eine Liane findet, deren Saft als Gegengift bei Schlangenbissen dient. Ihre Oberfläche ist schuppig und rau, fast, als wäre sie von Schlangenhaut überzogen. Zurück im Dorf zeigt er uns die Saat der Craniolaria-Pflanze, schwarz, mit zwei kleinen, gegeneinander gebogenen Spitzen. „Sie ähnelt dem Gebiss einer Tarantel", sagt Roosmalen. „Und hilft gegen Tarantelbisse." Das Aussehen der Pflanzen habe die Schamanen inspiriert. „Signaturenlehre" nennt die Wissenschaft diese Herangehensweise. Roosmalens Arbeit ist kein „Bioprospecting", keine gezielte Suche nach Wirkstoffen im Auftrag eines Pharmamultis. Er verfasste lediglich einen Katalog und zeichnete ein Video-Band auf. Eine niederländische Nicht-Regierungsorganisation finanzierte das Projekt. „Wenn ich meine Arbeit weitergeben würde, liefe ich Gefahr, als ‚Biopirat' angeklagt zu werden," sagt Roosmalen. Und das ist in Brasilien, wie in vielen Dritte-Welt-Ländern, die um die unerlaubte Ausbeutung ihrer Ressourcen bangen, ein schweres Vergehen.

Der Urwald ist eine Schatzkammer, darüber sind sich alle einig. Doch wem gehört sie, und wer kann, wer darf sich aus ihr bedienen? Ein komplizierter Streit um biogenetische Ressourcen und intellektuelles Eigentum ist ausgebrochen. Die Fronten sind oft unklar, doch es gibt Meilensteine: 1980 wurde in den USA erstmals ein Patent auf ein Lebewesen angemeldet: eine

Nur aus der Luft ist das Dorf der Kamayurá-Indianer zu erreichen. Ethnobotaniker Marc van Roosmalen kommt regelmäßig, um Häuptling Takumã zu treffen. Das Wissen der Indianer kann für die Forschung wegweisend sein

genetisch modifizierte Bakterie, die Erdöl zersetzen kann. Zwölf Jahre später wurde beim Umwelt-Gipfel von Rio die Oberhoheit der Nationen über ihre genetischen Ressourcen anerkannt. Und ihren Anspruch auf einen „gerechten Anteil der Gewinne".

Seitdem nimmt die Patentierung von Organismen rapide zu, während sich die Debatte über die Verteilung der Gewinne endlos zieht. Wissenschaftler lassen Mittel patentieren, deren Wirkstoffe Indianern seit Jahrhunderten bekannt sind. Der britische Chemiker Conrad Gorinsky etwa meldete zwei von den Wapixana-Indianern in Brasilien und Guyana verwendete Wirkstoffe zum Patent an: Das Gift des Barbasco (Clibadium Sylvestre) setzen Indianer in der Fischerei ein, und aus dem Busch „Grünes Herz" (Ocotea Rodiaei) ließ sich ein fiebersenkender Wirkstoff isolieren.

UNO-Fachleute haben errechnet, dass den Ländern der Dritten Welt jährlich 5,4 Milliarden Dollar an Tantiemen entgehen, weil sich die Pharma-Industrie dieser biogenetischen Ressourcen bedient. Dabei werden nicht einmal alle bekannten wirksamen Substanzen tatsächlich zu Pharmazeutika verarbeitet. Der Chemiker Alain Fournet aus Frankreich entdeckte 1987 die Pflanze *galipea longiflora* in den bolivianischen Anden. Sie hilft gegen die Tropenkrankheit Leishmaniase, die weltweit 350 Millionen Menschen befällt. Ein Labor in Frankreich konnte den Wirkstoff isolieren – doch keine Firma hat bis jetzt ein Arzneimittel daraus hergestellt. Das Präparat verspricht kaum Profit, denn an Leishmaniase leiden überwiegend Kranke in der Dritten Welt.

Den Pflanzenkundigen im Urwald bleiben nur Versprechen, und das ärgert in Brasilien nicht nur nationalistische Politiker. „Der Forscher kann Jahrzehnte vergeblich nach einem Wirkstoff suchen" sagt David Hathaway, Sprecher einer Nicht-Regierungsorganisation, die für die Rechte der Bauern eintritt. „Bleibt er erfolglos, erhält der Indianer nichts. Der Forscher aber hat unterdessen von seinem Auftrag gelebt."

Die Konvention über Biodiversität, die 1992 aus dem Umweltgipfel von Rio hervorging, soll das Wissen von Indianern und Bauern schützen. Doch die liberale Welthandelsorganisation (WTO) möchte, dass auch hier das Patentrecht uneingeschränkt zur Anwendung kommt. „Sui generis" heißt der Begriff, den die Experten der WTO aus dem TRIPS-Abkommen ihrer Organisation (Trade Related Intellectual Property Rights) verbannen möchten. Über Generationen vererbtes Wissen soll nicht länger geschützt sein. Leider schreibt die Sui-generis-Klausel nur vage fest, was und wovor sie schützen soll.

Brasiliens Regierung plant nun, ein Inventar der biogenetischen Vielfalt Amazoniens zu erstellen. Tausende von Pflanzen und Mikroorganismen sind unbekannt, deshalb sei es gar nicht möglich, mit dem „Screening", der Suche nach Wirkstoffen zu beginnen, sagt Márcio de Miranda vom Wissenschaftsministerium in Brasília. Dazu brauche man Datenbanken und Informationstechnologien. Ein Zentrum für molekularbiologische Forschung sei im Bau, doch wer mit welchen Mitteln darin arbeiten soll, steht noch nicht fest.

„Wir brauchen Hilfe", sagt Graça Barbosa, Pharmazeutin der Naturheilmittelfabrik Amazon Ervas. Die Prospekte ihrer Firma preisen die Wunder des Regenwaldes an, allerdings kommen nur zehn Prozent der Kräuter, die in einer Halle am Stadtrand von Manaus in bunte Plastik-Töpfchen gefüllt werden, direkt aus dem Urwald. Man könne viel mehr produzieren, sagt sie. „Aber ohne Erlaubnis dürfen wir die Pflanzen nicht anbieten, wie das die Kräuterhändler unten am Fluss tun."

Unten beim Fluss auf dem Markt von Manaus kümmert sich niemand um Tests und Zertifikate. „Das ist Marapuana, eine Wurzel, die als Aphrodisiakum wirkt", erklärt Zulaide. Ihr Mann zeigt ein Stückchen Baumrinde: „Das hier nennt man Escada de Jabutí, gut gegen Hämorrhoiden. Man legt es in Wasser ein und trinkt dann das Wasser." Dutzende von Pflanzen, Wurzeln und Rinden bringen Indianer und Bauern im Morgengrauen über den Fluss nach Manaus. Uxi-Amarelo etwa hilft bei Beschwerden in den Wechseljahren, das Holz des Saratodo heilt Wunden, Crujirú stillt Infektionen. Solange der Streit um die Patentrechte dauert, halten sich die Konzerne mit Investitionen in neue Arzneimittel zurück. „Vieles wird nie untersucht werden," meint John Daly vom US-amerikanischen National Cancer Institute, „denn viele Spezies werden ausgestorben sein, bevor sie erforscht werden konnten".

Walter Tauber, *Jahrgang 1948, arbeitet als freier Autor in Barcelona. Er kennt Amazonien von Recherchen für Reportagen und Dokumentarfilme.*

Per Bus und Truck von Cuiabá bis zur peruanischen Grenze. Neun Tage Fahrt durch die Wildnis von Amazonien auf der Landstraße 364. Ein ganz normales Abenteuer

Noch einen Kaffee bestellen. Noch einmal die Brasilien-Karte auffalten, die kleinen roten Zahlen am Rand der Straßenlinie addieren und sicher sein: rund 2600 Kilometer bis Cruzeiro do Sul. Warten, wie der Kampf ausgeht, den sich Trägheit und Neugier gerade liefern. Und irgendwann den Rucksack greifen und hinaustreten in die gleißende Mittagssonne. Ein Dutzend Lastwagen parkt auf dem staubigen Rastplatz kurz hinter Cuiabá. Die Reise beginnt.

Sie wird weit nach Westen gehen, immer entlang der Brasil-Rodovia 364. Seit Ende der fünfziger Jahre wurde sie quer durch Regenwald und Indianergebiete geschlagen, mit Weltbank-Krediten ausgebaut, was Umweltschützer wütend protestieren ließ. Die Transamazônica mag bekannter sein, ist aber nie geteert worden und heute kaum mehr befahrbar. Entlang der BR 364 aber wachsen bis heute die Städte.

Auf den letzten 700 Kilometern ist die Landstraße eine Erdpiste, die sich bei Regen in roten Schlamm verwandelt; dort, so sagt man, wird die Fahrt zum Abenteuer und der Westen immer wilder. Wie bezwingen die Brasilianer die Weite ihres Landes? Was wurde aus der Euphorie des Aufbruchs in den Amazonas?

Und wer nimmt mich jetzt mit?

Die Trucker auf dem staubigen Rastplatz, in Jeans und Badelatschen, reagieren lustlos. Ein freundlicher Herr fährt Zitronen nach Manaus, darf aber keine Anhalter befördern. Ein junger Mann hat keinen Platz im Führerhaus, weil schon Frau und Baby mit ihm

Bei Cruzeiro do Sul wird die Straße zur staubigen Piste. Kurz vor Feijó spielen Kinder auf der BR 364. Ihr Vater zapft Kautschuk, einer von vielen *seringueiros* hier im Westen

Einfach Richtung Westen

Text und Fotos: Ariel Hauptmeier

reisen; seit drei Wochen sind sie unterwegs. Doch dann nickt ein hakennasiger, grimmig blickender Kerl, und wenig später throne ich neben ihm im Führerhaus und lasse den Bundesstaat Mato Grosso, „Urwald", in langen Einstellungen vorüberziehen.

Es ist Trockenzeit. Die riesigen Weiden rechts und links der Straße sind gelb, das Grün der Büsche ist verbraucht, überall brennen Feuer. Manchmal lecken die Flammen direkt bis an den Straßenrand. Brandgeruch, so wird sich zeigen, ist der ständige Begleiter dieser Reise, und schwelende Felder erinnern fortwährend an die Zerstörung des Regenwaldes.

„Gibt es in Deutschland einen Frauenüberschuss?", fragt der Mann am Steuer. Er heißt Ademir Lopes do Silva, raucht Zigaretten der Marke Free, fährt barfuß und hat ein Einschussloch in der Windschutzscheibe. Gleich neben einem JESUS-Aufkleber. Das Loch ist vier Monate alt.

„Ein Wagen fährt neben mir", erzählt Ademir, „und was ist? Ich gucke in einen Revolver. Ich bin nach links gezogen, um die Hurensöhne abzudrängen. Aber dann haben sie mich überholt und dreimal geschossen." Daneben, zum Glück. Zur Polizei ist er nicht gegangen. „Das sind die schlimmsten Banditen." Hier ist die gefährlichste Etappe der Landstraße 364, laufend werden Lkws überfallen und nach Bolivien entführt.

Heute ist es friedlich. Ereignislos geradezu. Die Stunden fließen zäh wie Teer, Ademir taktet sie mit Zigaretten. Manchmal, erzählt er, macht ihn die Eintönigkeit so wütend, dass er am

Truck Stop für die Andacht: Kapelle hinter Cuiabá

Lkw als Heim: Wochenlang ist Eduardo mit Frau und Kind unterwegs

liebsten alles kaputtschlagen würde. Aber dann greift er doch nur wieder zum Funkgerät. Oder bremst an einem der Restaurants, wo die Kellnerinnen für fünf Mark mit ins Führerhaus klettern. Schweigend rauschen wir Richtung Sonnenuntergang. Gegen Mitternacht sind wir in Vilhena.

Der nächste Morgen zeigt: Die Stadt ist von deprimierender Hässlichkeit. Die Häuser sind quadratisch und neu, es gibt kein Zentrum, keinen Fluss und kaum Bäume gegen die Sonnenglut. 100 Meter Brachland säumen die Hauptstraße, alles wirkt eine Spur zu groß. Wem ist hier das menschliche Maß abhanden gekommen?

Aymoré Horta Pereira heißt der Mann, ein bedächtiger Rentner, der es sich auf der Veranda seines Holzhauses bequem gemacht hat. 1962, Vilhena hatte 35 Einwohner, und die Landstraße war zwei Jahre alt, kam er als Fluglotse, regelte aber auch Ehestreitigkeiten und zeichnete irgendwann den Grundriss der künftigen Stadt. „Vilhena sollte modern sein“, erklärt Pereira, „es sollte wachsen können, darum habe ich alles so groß angelegt.“ Natürlich: Platz war im Übermaß vorhanden, Brasilien im Begriff, seine unendlich weiten und menschenleeren Räume zu erobern – da sollten auch Vilhenas Straßen neue Größe widerspiegeln.

Es waren euphorische Jahre, erinnert sich Pereira. Wenn er in seinem kleinen Tower saß und den Lastwagen nachschaute, beladen mit Menschen, Möbeln und Tieren, dachte er stolz: Da fährt der Fortschritt. Damals konnte sich jeder ein Stück Land abstecken; sobald er es bebaute, gehörte es ihm. Und es war friedlich damals, familiär. Heute, mit 43 000 Einwohnern, ist Vilhena gefährlicher. Dennoch sagt Pereira: „Ich bin stolz auf diese Stadt.“

Der Abschied fällt leicht. Abends klettere ich in den Bus nach Porto Velho. Neben einem Mann mit Kinnbart und Kaffeefleck auf der Brust ist noch Platz. Er heißt Paulo Costa Soeiro, ist 33 Jahre alt und vor drei Tagen in Fortaleza, der Hauptstadt von Ceará im Nordosten Brasiliens, losgefahren. Das sind 4900 Kilometer, addiere ich auf meiner Landkarte, weiter als von Madrid nach Moskau. Es stinkt nach Windeln und Socken, und gleich wird sich eine ältere Dame übergeben und den Kotzbeutel unter ihrem Sitz verstauen.

Paulo hat ein dickes Rätselheft durchgearbeitet, „aber man hält so eine Fahrt nur aus, wenn man sich mit den anderen unterhält“, sagt er. Doch nach 72 Stunden scheint der Gesprächsstoff endgültig ausgegangen zu sein, die meisten Passagiere dämmern matt in ihren Sitzen. Nur ein Casanova mit Goldkette und in kurzen Hosen redet noch auf eine junge Mutter ein. Reserve-Busfahrer Geraldo erklärt mir, dass sich auf den meisten Fahrten ein Paar findet.

Früher war er Kaffeebauer, jetzt ist auch er ohne Land

Reifendienst am Straßenrand, 24 Stunden lang geöffnet

In der Siedlung der Landlosen sind Plastiktüten das einzige Spielzeug der Kinder

Schlaglöcher, Schlamm, die Ölleitung bricht. Im fünftgrößten Land der Welt hat der Reisende Geduld

Morgens um fünf wanken wir schlaftrunken aus dem Bus. Es ist Sonntag, Paulos ältere Schwester und ihr Mann warten am leeren Busbahnhof von Porto Velho. Beide bestehen darauf, mich mitzunehmen, und wenig später finde ich mich in einem winzigen Wohnzimmer wieder, habe eine Bierdose in der Hand und blättere in einem Fotoalbum. Mit dem Sonnenaufgang kommen die ersten Verwandten, und gegen zehn Uhr morgens erzittert das kleine Haus vor tobenden Kindern und laut lachenden Erwachsenen.

Paulo ist seit vier Tagen auf den Beinen, geht immer noch nicht ins Bett. Stattdessen organisiert er zwei Autos, und bald sitzen wir am Ufer des mächtigen Madeira-Flusses – länger als die Donau – und nuckeln an gekühlten Kokosnüssen. Paulo, Träger eines Eherings, bringt es sogar noch fertig, eine fremde Frau anzusprechen und sich mit ihr vor den Augen seiner Cousinen zum Abendessen zu verabreden. Welche Energie!

Die nächste Etappe ist kurz. Keine zwei Stunden hinter Porto Velho taucht eine merkwürdige Siedlung am Rand der Straße auf: Hütten aus Palmstroh und Plastikplanen, davor Protestbanner und rote Fahnen. Hier wohnen die Verlierer der Amazonas-Kolonisierung, in zerlumpten Kleidern aus dem Rotkreuz-Sack, mit braunen Zähnen und der geduckten Haltung von Menschen, die immer nur gehorcht haben.

Eine früh gealterte Frau in einem Snoopy-T-Shirt führt mich an einen rohen Holztisch. Seit 14 Monaten lagern sie hier, erzählt sie, 30 Familien, angeschlossen einer Untergruppe der mächtigen brasilianischen Landlosenbewegung Movimento dos Trabalhadores Rurais sem Terra, abgekürzt MST. Sie kämpfen für eine Straße. Land haben sie zwar von der Regierung bekommen, aber es liegt mitten im Wald, acht Kilometer vom nächsten Fluss entfernt. Wie sollen sie da ihre Waren verkaufen?

Der Amazonas wurde auch besiedelt, um den Armen eine Chance zu geben. Doch das misslang, und die sozialen Unterschiede waren bald genauso groß wie im Rest des Landes. Wie groß, sieht man hier. Links der Straße: eine riesige Weide voller Rinder, die den Reichtum eines *fazendeiros* mehren. Rechts der Straße: Konservenbüchsen dienen als Tassen, drei Männer leiden unter Malaria, Kinder ziehen Plastiktüten hinter sich her, „ihr einziges Spielzeug", sagt die Frau voller Sarkasmus.

Aber zumindest in einer der Hütten wird gelächelt, dem kleinen Pablo sei Dank. Der liegt auf dem einzigen Bett und ist so winzig, dass er noch nicht zurücklächeln kann. Vor 16 Tagen wurde er geboren, jetzt umringen ihn seine Mutter und ihre Freundinnen und können den Blick nicht abwenden vor lauter Liebe. Es wird noch einige Jahre dauern, bis der Kleine merkt, in was für eine Welt er da hineingeboren wurde. Bis er weiß, dass eine Schub-

Flirten gegen Langeweile. Paare finden sich oft im Bus

Flexibler Fahrplan: Die Haltestellen bestimmen die Passagiere

Der Fahrer stoppt den Motor, keiner schimpft. Warum sich aufregen über eine Nacht im Bus?

Überlandbusse sind ohne WC: Frauen gehen ins Grüne, die Männer vereint hinter den Bus

karre das Wertvollste ist, was seine Eltern besitzen.

Hinter Rio Branco endet der Asphalt, und die rote Erdpiste beginnt. Endlich nimmt auch die Brandrodung ab, und der Wald rückt immer näher. So nahe, bis wir an manchen Stellen durch eine Kathedrale aus Bäumen fahren. Ein Gemisch aus Staub und Schweiß verklebt die Haut, die Schlaglöcher werden tiefer, die Brücken schmaler, man spürt das Nahen der Grenze, die Zivilisation und Wildnis trennt – der Widerstand der Natur gegen unser Fortkommen wächst.

Nachmittags türmen sich dunkle Wolken am Himmel auf und werden von uns Passagieren ängstlich beäugt. Bald regnet es. Keine zehn Minuten später beginnt der Bus in der roten Seife zu schlingern, und als sich der Fahrer einen Hang hinuntertastet, brechen die Hinterräder plötzlich aus. Wir knallen nach rechts gegen eine Böschung, einen Augenblick scheint der Bus umzukippen, begleitet von spitzen Schreien, doch dann fängt er sich und kommt quer zur Piste zum Stehen.

Die nächsten Stunden gehören zu den anstrengendsten der Reise. Ich erinnere mich nicht mehr, über wie viele Hügel wir den Bus geschoben haben; ein Dutzend könnten es gewesen sein. Ich weiß jetzt, dass man barfuß den besten Halt im Schlamm hat, dass die gemeinsame Kraft steigt, wenn man sich gegenseitig anschreit, und dass ein Feuerstrahl aus dem Auspuff schießt, wenn der Bus mit Vollgas auf der Stelle rotiert. Als es dunkel wird, klammern sich die Kinder an ihre Mütter, weil sie Angst vor Jaguaren haben. Irgendwann kommt ein Hügel, der steiler ist als alle anderen – unmöglich, da jetzt hochzukommen, entscheidet der Busfahrer. Und stellt den Motor ab.

Keiner meckert. Alle fügen sich in ihr Schicksal, die Nacht in diesem verschlammten Fahrzeug im Nirgendwo zu verbringen. Mich überrascht die Geduld, mit der die Brasilianer reisen, ihre enorme Bereitschaft, noch die widrigsten Umstände fröhlich hinzunehmen. Keine Ahnung, ob das eine gute Eigenschaft ist.

Brasilien ist das fünftgrößte Land der Welt, vor Australien, und das hat Folgen für die Mentalität: Größenwahn – „Gott ist ein Brasilianer“; großes Unwissen darüber, was im Rest Südamerikas vor sich geht; Regionalisierung – jeder Bundesstaat kreist vor allem um sich selbst; Nationalbewusstsein schafft nur der Fußball, vielleicht noch der Karneval.

Bald schlafen alle. Draußen wird es immer lauter – die Tiere spielen die Symphonie der Nacht. Tagsüber erschien mir der Wald wie eine Wand aus Bäumen, doch jetzt wirkt er weit und tief. Ich weiß nicht, wer da ruft und schreit und singt. Aber es ist ein wunderschönes Konzert, zumal der Mond sich alle Mühe gibt, für romantische Lichteffekte zu sorgen. Ein Stück weiter schnarcht der Busfahrer – er hat es sich auf einem Holzstapel bequem gemacht.

Der Stop im Kiosk wird zur Attraktion auf der endlosen Fahrt

Die Autofähre über den Rio Purus ist simpel, aber funktioniert

Zwei Busfahrer für 80 Stunden Fahrt am Stück

Das Lager der Landlosen: lebenslanges Warten auf Hilfe vom Staat

Am nächsten Morgen, als die Sonne schon hoch steht und der Schlamm eine feste Kruste hat, rutschen wir weiter, schieben uns vorbei an liegen gebliebenen Lkws mit Motorschaden, um knietiefe Schlammlöcher herum. Cruzeiro do Sul ist jetzt nur noch einige hundert Kilometer entfernt. Doch das Wetter bleibt unbeständig, die Straße schlammig, und niemand kann sagen, wann ein anderer Bus geht. Aber das macht nichts, denn mit den Hindernissen steigt die Hilfsbereitschaft.

Die Nacht verbringe ich bei einem schwindsüchtigen Kautschukzapfer, der 19 Kinder hat, aber nur elf Hängematten – und eine schwangere Frau. In der nächsten Nacht schlafe ich in einem Restaurant ohne Namen, neben zwei Krankenpflegern auf Impfkampagne. Vor dem Einschlafen teilen sie ihre „Tigermilch" mit mir und notieren gleich noch das Rezept: Milch, Kakao, Alkohol. In der dritten Nacht bleibt der Bus wieder im Schlamm stecken. Es ist erstaunlich, aber wieder hat die die Symphonie der Tiere einen ganz anderen Klang.

Am Morgen darauf, endlich, rumpeln wir zum letzten Mal auf eine Fähre, legen ab, und am anderen Ufer ist schon die fensterlose Kathedrale von Cruzeiro do Sul zu sehen. 56000 Einwohner, Bischofssitz, die westlichste Stadt Brasiliens und eine der einsamsten dazu. Zwei Äpfel kosten mehr als ein Kilo Rindfleisch, der Zeitschriftenhändler verkauft Magazine, die schon vor Monaten erschienen sind. Meine Karte behauptet, dass die Landstraße 364 noch weiter geht, bis nach Peru hinein – „stimmt", sagt die Frau im Reisebüro, „aber da müssen Sie ein Pferd nehmen."

Es ist September. Einige Wochen noch, dann wird die Sonne immer öfter hinter Regenwolken verschwinden, der Staub der Straße sich endgültig in Schlamm verwandeln. Die Landstraße 364 wird unpassierbar werden, ein halbes Jahr lang.

Ariel Hauptmeier, *geboren 1969, arbeitet als freier Journalist in Berlin. Vor seiner Reise wunderte er sich, warum die BR 364 auf den meisten Straßenkarten im Nichts endet. Als er im Land war, fuhr er sie ab, so weit es ging.*

Die BR 364 ist eine der wichtigsten Verkehrsverbindungen in den Westen Brasiliens. Unser Autor befuhr sie von Cuiabá im Mato Grosso bis Cruzeiro do Sul nahe der peruanischen Grenze

Infografik: MERIAN-Kartographie

Die jüngsten Reisenden sind gerade ein paar Tage alt

Stau im Schlamm. Trucks und Busse werden mit Seilen gezogen

MERIAN-Impressum

Gegründet 1948 im Hoffmann und Campe Verlag zu Hamburg

Herausgeber: Manfred Bissinger
Chefredakteure: Emanuel Eckardt, Wolf Thieme
Stellvertretende Chefredakteurin: Gesa Engelschall
Textchefin: Charlotte von Saurma
Art Directorin: Sabine Lehmann
Chef vom Dienst: Tibor M. Ridegh
Redakteure: Barbara Baumgartner, Kathrin Sander, Charlotte von Saurma, Helga Thiessen
Redakteurin dieses Heftes: Kathrin Sander
Magazin: Peter Würth
Schlussredaktion: Tibor M. Ridegh
Vertretung: Jasmin Wolf
Dokumentation: Jasmin Wolf
Mitarbeit: Dr. Birgit Haustedt, Claudia Schmidt, Samira Fagrach
Layout: Dorothee Schweizer (stellvertr. Art Directorin), Ingrid Koltermann, Cornelia Böhling, Katharina Holstein, Helga Damm
Bildredaktion: Eva M. Ohms, Hanni Rapp
Bildredakteurin dieses Heftes: Eva M. Ohms
Internet: Till Bartels
Kartographie: Peter Münch
Verlagsleitung: Peter Rensmann
Herstellung: Heidrun Seven
Gesamt-Anzeigenleitung (verantw.): Roberto Sprengel
Anzeigenleitung: Christel Janßen
Anzeigenstruktur: Patricia Hoffnauer
Vertriebsleitung: Stefan Zastrutzki (Zeitschriftenhandel), Jan Wiesemann (Buchhandel)

MERIAN erscheint monatlich im Jahreszeiten-Verlag GmbH Poßmoorweg 5, 22301 Hamburg Tel. 040/27 17-0, Fax 040/27 17-20 56.
Anschrift der Redaktion: Harvestehuder Weg 42, 20149 Hamburg, Postfach 130444, 20139 Hamburg, E-Mail: Redaktion@Merian.de Tel. 0 40/441 88-0, Fax 040/441 88-3 10
Website: www.merian.de
Leserservice: Postfach 601220, 22212 Hamburg, Tel. 040/87 97 35 40 Fax 040/27 17-20 79

Gültige Anzeigenpreisliste: Nr. 37b. Das vorliegende Heft Januar 2002 ist die 1. Nummer des 55. Jahrgangs. Diese Zeitschrift und die einzelnen Beiträge und Abbildungen sind urheberrechtlich geschützt. Jede Verwertung außerhalb der engen Grenzen des Urheberrechtsgesetzes bedarf der Zustimmung des Verlages. Keine Haftung für unverlangt eingesandte Manuskripte und Fotos.

Preis im Abonnement monatlich 6,37 €, inklusive Zustellung frei Haus. Der Bezugspreis enthält 7% Mehrwertsteuer. Postgirokonto Hamburg 132 58 42 01 (BLZ 200 100 20), Commerzbank AG, Hamburg, Konto-Nummer 611657800 (BLZ 200 400 00)
Führen in Lesemappen nur mit Genehmigung des Verlages. Printed in Germany.

Litho: Alphabeta Druckformdienst GmbH, Hamburg.
Druck und Verarbeitung: heckel GmbH, Nürnberg.
ISBN: 3-7742-6701-4

MERIAN (USPS No. 011-458) is published monthly. The subscription price for the USA is $ 110 per annum. K.O.P.: German Language Publications, Inc., 153 South Dean Street, Englewood NJ 07631. Periodicals postage is paid at Englewood NJ 07631, and at additional mailing offices. Postmaster: send address changes to:
MERIAN, German Language Publications, Inc., 153 South Dean Street, Englewood NJ 07631.

Bildnachweis

Anordnung im Layout: o=oben, u=unten, r=rechts, l=links, m=Mitte. Titel: Helmut Teissl, S. 3 Antonina Gern; S. 8/9 o Christian Kaiser, S. 8 m A. Gern, u Christopher Pillitz/Network; S. 9 ro Sven Creutzmann/ Zeitenspiegel, lu Helmut Wachter; S. 9 v.o.n.u. A. Gern, Werner Rudhart, Ch. Pillitz, H. Wachter, Jörg Wischmann/Focus; S. 12 Manfred Linke/laif; S. 13 lo A. Gern, ro Thomas Kelly/The Cover Story; lu W. Rudhart, ru Sue Cunningham/SCP; S. 16/17 Frans Lanting/Minden Pictures; S. 18/19 Michel Roggo/argus Fotoarchiv GmbH; S. 20 A. Gern, S. 21 S. Cunningham/SCP; S.22/23 Christian Schroth; S. 24/25 Jacques Jangoux/Peter Arnold; S. 26/27 A. Gern; S. 28/29 Conrad Piepenburg/laif; S. 30 Reto Guntli; S. 33 Anita Back; S. 34 Ralf Kreuels/ Bilderberg; S. 35 Associated Press/Wide World Photos; S. 36 lo Roberto Price/Folha de Sao Paulo, S. 36/37 Joao Wainer/Folha de Sao Paulo, S. 37 W. Rudhart; S. 38/39-46/47 H. Wachter; S. 49 Ch. Kaiser; S. 50/51-58 A. Gern; S. 60/61-68 W. Rudhart; S. 71 Ch. Pillitz/ Network/Focus; S.72/73-83 S. Creutzmann/ Zeitenspiegel; S. 84/85-88/89 Ch. Pillitz/ Network; S.90/91 S. Creutzmann/Zeitenspiegel; S. 92, 93, 94, 95 Timmo Schreiber; S. 97 Medienkontor FFP GmbH; S. 98/99-103 Ariel Hauptmeier; S.105 Bertrand Gardel/Hemispheres; S.106 W. Rudhart; S.107 P. Hahn/laif, S. 108 o Alex Larbac/Tyba/Social Photos, S. 108/109 u Markus Kirchgessner/ Bilderberg; S. 110 Rob Timmers; S. 111 Reto Guntli; S. 112/113 o Ch. Schroth; S. 113 u Reto Guntli; S. 114 Conrad Piepenburg/laif; S. 115 Anita Back; S. 116 Paul Hahn/laif; S.117 Andreas Sterzing/plus 49; S.118 J.R.Couto/Tyba/Social Photos; S. 119 Jeremy Horner/ Panos Pictures: S.120 Luiz de Mafigo/ Peter Arnold; S. 121 Frans Lanting/Minden Pictures; S.129 BPK; S.130 o Herve Hughes/ Hemispheres, lu Guido Schäfer, ru Christoph Otto

MERIAN service Brasilien

Azurblaues Meer und grünes Hinterland: João Fernandes, einer von 23 schönen Stränden des mondänen Seebads Búzios

Refúgio Ecológico Caiman: Insel des Ökotourismus in der gewaltigen Sumpflandschaft des Pantanal

ÜBER NACHT

Schöner wohnen im Urwald

Lodges und Ökohotels laden zum Nachtquartier in die Einsamkeit

Die bekannteste Urwald-Lodge Amazoniens, **Ariaú Amazon Towers**, entstand nach einer Idee von Jacques Cousteau. Sie liegt an den Ufern des Rio Negro und seines Nebenarmes Paraná Ariaú, nur 60 Kilometer oder ein bis zwei Bootsstunden von Manaus entfernt. Ein riesiges Areal, das monatlich bis zu 2000 Gäste beherbergt. Prominente wie Bill Gates, Roman Polanski und Kevin Costner bevorzugen die Suíte Cósmica mit Panoramablick von der Veranda, Flitterwöchner zieht es in die abgeschiedene Tarzanhütte hoch oben in einer Baumkrone. Nicht so luxuriös oder ausgefallen, aber schön eingerichtet sind die Standard-Apartments – hölzerne Wohntürme, die durch Laufstege mit sicherem Abstand zum Boden oder Wasser miteinander verbunden sind. Naturkundige Führer begleiten Ausflügler in die Umgebung zu den Hütten von Uferbewohnern oder zu Stammesfesten der Tariano-Indianer. Mutige können – unter Aufsicht – ein kleines Krokodil umarmen oder aus dem Rachen eines Piranha-Fisches einen Angelhaken entfernen.

Etwas weniger Komfort als das luxuriöse Ariaú Amazon Towers, aber guten Service und gepflegtes Ambiente offeriert die kleine schwimmende **Amazon Lodge** eines Schweizers am Ufer des Rio Juma, rund vier Stunden von Manaus entfernt. Zu den preisgünstigsten Regenwald-Unterkünften gehört die **Lago Salvador Lodge**, nur eine halbe Bootsstunde von Manaus an einer Lagune gelegen: In ihrer Nähe fließt das tintenschwarze Wasser des Rio Negro mit dem gelben des Amazonas zusammen.

Auch im Pantanal gibt es Unterkünfte in der Natur, allerdings nicht im Regenwald. Eine der beliebtesten ist das 53 000 Hektar große **Refúgio Ecológico Caiman** mit vier Pousadas (Pensionen), Schwimmbad und Restaurant. Das Refúgio (▶ s. auch S. 68) ist auch idealer Ausgangspunkt für Pantanal-Touren. *Helmuth Taubald*

Ariaú Amazon Towers (D 3), Lago Ariaú, 69045-000 Iranduba
Tel. 0(21) 92-622 50 00, Fax 233 56 15, www.ariautowers.com.br,
treetop@ariautowers.com.br,
DZ für 2 Tage und 1 Nacht ab 1500 R$ (600 €) M M

Amazon Lodge (D 3), Lago do Juma, Autazes
Reservierung über:
Nature Safaris, Rua Flávio Espirito Santo 1, Kissia II, 69040-250 Manaus, Tel. 0(21) 92-656 60 33, Fax 656 61 01, www.naturesafaris.com, marketing@naturesafaris.com, DZ für 3 Tage/2 Nächte (Mindestaufenthalt) ab 2500 R$ (1000 €) M M

Lago Salvador Lodge (D 3), Lago Salvador, Iranduba
Tel./Fax 0(21) 92-658 42 21, www.brol.com/lago_salvador.htm
lagosalvador@internext.com.br, Kontakt: Tropical Hotel,
Av. Coronel Teixeira 1320, 69029-120 Manaus,
DZ für 2 Tage und 1 Nacht ab 575 R$ (230 €) M

Refúgio Ecológico Caiman (E 6), 79380-000 Miranda (Pantanal),
Tel./Fax 0(21) 67-687 21 02 und 687 21 03, Reservierung über:
Tel. 0(21) 11-30 79 66 22, Fax 30 79 60 37, www.caiman.com.br,
caiman@attglobal.net, DZ ab 375 R$ (150 €) M M

Die Bewertungen:

Alle Adressen im Service-Magazin sind Empfehlungen der MERIAN-Redaktion. Hotels, Restaurants, Clubs und Cafés kann zusätzlich ein MERIAN-M als Auszeichnung für besondere Leistungen über unsere Empfehlungen hinaus verliehen werden.

M sehr gut
MM herausragend
MMM nicht zu übertreffen

Alle mit einem MERIAN-M ausgezeichneten Adressen erhalten MERIAN-Urkunde und -Sticker (auf Anfrage).

Rio de Janeiro

Copacabana Palace
(G/H 7), Av. Atlântica 1702
22021-001 Rio de Janeiro
(Copacabana)
Tel. 0(21) 21-22 55 70 70
Fax 22 35 73 30
www.copacabanapalace.
com.br, business.center@
copacabanapalace.com.br
DZ ab 950 R$ (380 €) MM
Promi-Herberge an der Copacabana. Eines der wenigen alten Grandhotels im Land und das traditionsreichste Rios.

Mirador
(G/H 7), Rua Toneleros 338
22030-000 Rio de Janeiro
(Copacabana)
Tel. 0(21) 21-25 48 64 46
Fax 22 55 89 77
www.hotelmirador.com.br
hotel@hotelmirador.com.br
DZ ab 162,50 R$ (65 €) M
Großes modernes Hotel in Strandnähe mit freundlichen Zimmern. In den oberen Etagen Räume nach hinten mit herrlichem Blick auf Corcovado und Christusstatue. Gutes Preis-Leistungs-Verhältnis.

Santa Clara
(G/H 7), Rua Décio Vilares 316
22041-040 Rio de Janeiro
(Copacabana-Peixoto)
Tel. 0(21) 21-22 56 26 50
Fax 25 47 40 42
www.hotelsantaclara.com.br
reserva@hotelsantaclara.com.br
DZ ab 87,50 R$ (35 €)
Kleine preiswerte und geschmackvolle Pension in einer ruhigen Seitenstraße. Familiäre Atmosphäre. Empfehlenswert!

Belém

Parque dos Igarapés
(G 2), Conjunto Satélite
WE 12 Nr. 1000
66620-270 Belém (Coqueiro)
Tel./Fax 0(21) 91-248 69 10
www.parqueigarapes.com.br
igarapes@amazon.com.br
DZ ab 75 R$ (30 €)
18 Kilometer außerhalb der Stadt in einem Regenwald-Park mit interessanter Flora und Fauna. Geräumige rustikale Chalets, zahlreiche Sport- und Freizeitangebote.

Brasília

Naoum Plaza
(F/G 5), Setor Hoteleiro Sul
Quadra 5, Bloco H/I
70322-912 Brasília
Tel. 0(21) 61-322 45 45
Fax 322 49 49
www.naoumplaza.com.br
naoum@naoum.com.br
DZ ab 300 R$ (120 €)
Das moderne Hotel gilt als beste Unterkunft in Brasília, ist jedoch steril. Vorzug: die Nähe zum Regierungsviertel.

Florianópolis

Pousada dos Tucanos
(F/G 8), Rua Rozalia Paulina
Ferreira 2776, Costa de Dentro
88066-600 Florianópolis
Tel./Fax 0(21) 48-237 50 84
www.sitiodostucanos.web.
terra.com.br
gertamay@zaz.com.br
DZ ab 62,50 R$ (25 €)
Ökologische Pousada am Berghang im ruhigeren Süden der Insel mit Atlantik-Blick. Deutsche Leitung, familiäre Atmosphäre, preiswert. Attraktionen der Umgebung sind mehr als 4000 Jahre alte Höhlenzeichnungen und zwischen Juli und November die Beobachtung von Walen.

Fortaleza

Hotel Jardim
(I 3), Rua Ildefonso Albano 950,
60115-000 Fortaleza
(Aldeota, nahe Iracema)
Tel./Fax 0(21) 85-226 97 11
www.hoteljardim.com.br
afb@hoteljardim.com.br
DZ ab 112,50 R$ (45 €) M
Komfortables Anwesen mit schönem Garten in zentraler, doch ruhiger Lage in Strandnähe. Der Inhaber spricht Deutsch und kümmert sich liebevoll um seine Gäste.

Foz do Iguaçu

Tropical das Cataratas
(E 7), Rod. das Cataratas
85863-000 Foz do Iguaçu
Tel. 0(21) 45-521 70 00
Fax 574 16 88
www.tropicalhotel.com.br
dcrfao@tropicalhotel.com.br
DZ ab 450 R$ (180 €) MM
Durch die Lage in unmittelbarer Nähe der Wasserfälle und in herrlicher Natur ist das ökologisch wirtschaftende Tropical eine der schönsten Hotelanlagen Brasiliens. Pool, Freizeit-, Sport- und Ausflugsangebote.

Manaus

Tropical Manaus
(D 3), Av. Coronel Peixeira 1320
69029-120 Manaus
(Ponta Negra)
Tel. 0(21) 92-659 50 00
Fax 658 50 26
www.tropicalhotel.com.br
recphm@tropicalhotel.com.br
DZ ab 300 R$ (120 €) M
In der Nähe des beliebten Strandes von Ponta Negra befindet sich mit Park und kleinem Zoo die schönste Hotelanlage von Manaus. 18 Kilometer bis zum Stadtzentrum.

Mangaratiba

Portobello Resort
(G 7), 23860-000 Mangaratiba
100 km südwestlich von Rio
Tel. 0(21) 21-26 89 30 00
Fax 26 89 31 00
www.hotelportobello.com.br
reservas@hotelportobello.
com.br
DZ ab 337,50 R$ (135 €) MM
Sehr schönes Resort am Strand, rustikale Zimmer. Wassersport, Reiten, Tierpark-Safari-Tour und Ausflüge zu den Inseln der Bucht von Sepetiba.

12000 Quadratmeter Luxus: das Copacabana Palace in Rio

Natal

Novotel Ladeira do Sol
(I/K 4), Rua Fabrício
Pedrosa 915
59014-030 Natal
(Praia dos Artistas)
Tel. 0(21) 84-202 11 33
Fax 202 16 88
www.novotelnatal.com.br
comercial@novotelnatal.
com.br
DZ ab 162,50 R$ (65 €)
Gepflegte Anlage mit guter Anbindung zum acht Kilometer entfernten Traumstrand Ponta Negra. Ausflüge per Buggy zu den Dünen von Genipabu.

Erschlossen, doch naturbelassen: die Palmen- und Mangrovenlandschaft der Costa do Sauípe wurde ein Ökopark für Urlauber

MERIAN-Tipp
Grüne Ferien an der Costa do Sauípe

Am bisher einsamen Küstenabschnitt Costa do Sauípe, 76 Kilometer nördlich von Salvador da Bahia, wurde ein großer Ökopark mit mehreren Luxushotelanlagen und Pousadas (Pensionen) eröffnet. Im Jahre 2015 sollen hier insgesamt 54 Hotels anspruchsvolle Gäste verwöhnen.
Die Costa do Sauípe ist eine urwüchsige amphibische Welt mit Mangroven und Lagunen, Palmen und Dünen. Eine maßvolle Architektur mit Bauhöhen von maximal 14 Metern integriert die Bauten harmonisch in die Landschaft. Von besonderem Charme sind die kleineren, farbenfreudigen Pousadas Pelourinho, Gabriela, Agreste und Carnaval. Am beliebtesten ist die Pousada da Aldeia mit ihren *chalés*, den bunt bemalten Einzelhäuschen in Meernähe. Das Marriott Resort, an einem Palmenstrand, verbindet den Komfort der Moderne mit der Eleganz des viktorianischen Stils. Nobel und luxuriös sind auch Sofitel Conventions, Sofitel Suites und Renaissance Resort. Der Super Club Breezes ist mit seinem Vergnügungspark ideal für Familien und junge Gäste. Es mangelt nicht an Freizeit- und Sportangeboten, darunter Bootsausflüge, Rafting und Ökotouren. Für das abendliche Amüsement in Bars und Restaurants wurde eigens das kleine Dorf Vila Nova da Praia gebaut.

(I 5), Informationen: Av. ACM 2573, Edifício Royal Trade, 7. andar, 40289-900 Salvador (Bahia); Tel. vom Ausland (++55 71) 354 96 96, in Brasilien 08 00 56 96 96 (gebührenfrei), Fax 4 51 78 54, www.costadosauipe.com.br,informacoes@costadosauipe.com.br

Ouro Preto

Pousada do Mondego
(G/H 6/7), Largo de Coimbra 38
35400-000 Ouro Preto
Tel. 0(21) 31-35 51 20 40
Fax 35 51 30 94
www.mondego.com.br
mondego@feop.com.br
DZ ab 137,50 R$ (55 €) M
Zentral, doch ruhig gelegene Pousada in einem künstlerisch gestalteten Haus von 1747. Blick ins Tal und auf die Igreja de Nossa Senhora do Carmo.

Paraty

Pousada do Ouro
(G 7), Rua Dr. Pereira 145
23970-000 Paraty
Tel. 0(21) 24-33 71 20 33
Fax 33 71 13 11
www.pousadaouro.com.br
ouro@br2001.com.br
DZ ab 112,50 R$ (45 €) M
Stilvoller Kolonialbau des 18. Jahrhunderts mit Garten im historischen Zentrum. Ruhig. Tom Cruise, Mick Jagger und Linda Evangelista waren hier.

Recife

Boa Viagem
(I/K 4), Av. Boa Viagem 5000
51030-000 Recife
Tel. 0(21) 81-33 41 41 44
Fax 33 41 45 17
hotelboaviagem@bol.com.br
DZ ab 62,50 R$ (25 €)
Großes ehemaliges Luxushotel. Geräumige Zimmer mit Veranda und Meerblick.

Salvador da Bahia

Pousada Eckerlino
(I 5), Lauro de Freitas
Rua Carlos Conceição 116
42700-000 Salvador da Bahia
(Vilas do Atlântico)
Tel. 0(21) 71-379 21 39
Fax 379 09 18
www.pousada-eckerlino.com
heckerli@uol.com.br
DZ ab 87,50 R$ (35 €) M
Die von der schweizerisch-brasilianischen Familie Eckerli geführte Pension ist klein und gepflegt. Sie befindet sich außerhalb der Stadt in Vilas do Atlântico in ruhiger Lage. Tropi-

M sehr gut M M herausragend M M M nicht zu übertreffen

scher Garten, zwei einsame Strände sind nur 150 Meter entfernt. 30 Kilometer bis zur Altstadt von Salvador (Bus).

Pelourinho
(I 5), Rua Alfredo de Brito 20
40025-040 Salvador da Bahia
(Pelourinho)
Tel./Fax 0(21) 71-243 23 24
www.hotelpelourinho.com
reservas@hotelpelourinho.com
DZ ab 87,50 R$ (35 €)
Früher Wohnhaus des Schriftstellers Jorge Amado, heute ein einfaches, aber eines der wenigen Hotels in Pelourinho. In diesem vitalen Altstadtviertel befinden sich die meisten Sehenswürdigkeiten und Lokale, finden viele Konzerte statt.

Santa Bárbara

Hospedaria do Caraça
(H 6), Estr. Br. de Cocais 381
Postadresse: Caixa Postal
35960-000 Santa Bárbara
Tel. 0(21) 31-38 37 26 98
Fax 38 37 26 98
DZ ab 62,50 R$ (25 €)
Ideal geeignet als Unterkunft für Besucher des Nationalparks (s. „Aktiv"). Die komfortable Pousada, 26 Kilometer von Santa Bárbara entfernt, ist Teil eines ehemaligen Klosters aus dem Jahre 1820. Wander- und Trekkingtouren, abends kommen Wölfe zur Fütterung.

São Luís

Pousada do Francês
(H 3), Rua da Saavedra 160
65010-630 São Luís (Centro)
Tel. 0(21) 98-231 48 44
Fax 232 08 79
DZ ab 87,50 R$ (35 €)
Schöne, stilvolle Unterkunft. Zentral und trotzdem ruhig. Gutes Preis-Leistungs-Verhältnis.

São Paulo

Formule 1
(G 7), Rua Vergueiro 1571/1591
04101-000 São Paulo
(Paraíso)
Tel. 0(21) 11-50 85 56 99
Fax 50 85 56 94
www.accorhotels.com.br
reservas@accor.com.br
DZ 45 R$ (18 €)
Aus preislicher Sicht eher eine Jugendherberge. Weder Kofferträger noch Restaurant, jedoch komfortable Zimmer mit Aircondition, Kabel-TV, Internet in der Lobby. Zentrale Lage, Metro-Station vor dem Haus.

Renaissance
(G 7), Al. Santos 2233
01419-002 São Paulo (Jardim)
Tel. 0(21) 11-30 69 22 33
Fax 30 64 33 44
www.renaissancehotels.com
reserve@renaissance.com.br
DZ ab 625 R$ (250 €)
Das Hotel der Marriott-Kette, 1998 eröffnet, gilt als das beste in São Paulo. Modernste architektonische Gestaltung, stilvoll ausgestattet mit Designermöbeln und Internetcafé in der Lobby.

Das Tropical das Cataratas in Foz do Iguaçu. Elegant und leicht: die Pastelltöne der Kolonialarchitektur

Die Flaschen sind längst geleert, ihre Etiketten haben überdauert und inzwischen Sammlerwert

Duftende Mädchen

Tour in die Hexenküchen des Zuckerrohrschnapses

Was Brasiliens größtes Geschenk an die Menschheit sei, fragt der Autor und Brasilienfan Christopher Pickard. Samba? Fußball? Nein, es ist der *Cachaça*, Zuckerrohrschnaps, der Stoff für den geliebten *Caipirinha*-Cocktail. Das brasilianischste aller Getränke und das älteste. Denn schon im 16. Jahrhundert war *Cachaça* die Währung der Portugiesen für den Sklavenhandel, und auch gegen Syphilis und Beulenpest half angeblich ein kräftiger Schluck. Bis vor kurzem galt Zuckerrohrschnaps noch als Bettdecke der Armen – Tagelöhner im Hinterland und Obdachlose in den Großstädten tranken sich mit dem „Kleinen Weißen" in den Schlaf, die brasilianische Oberschicht zog Importiertes vor, Wodka zum Beispiel. Heute produzieren rund 30 000 Brennereien an die zwei Milliarden Liter *Cachaça* im Jahr,werden in jeder Minute 35 000 Gläschen geleert. Das beste aller brasilianischen Feuerwasser kommt aus Minas Gerais. Dort vergibt Ampaq, die Vereinigung brasilianischer Branntwein-Produzenten, ein Qualitätssiegel und ahndet jeden Verstoß gegen das Reinheitsgebot. Von den 8000 Familienbetrieben, die Handgebrannten herstellen, besitzt erst ein halbes Hundert das Gütezeichen, unter ihnen „Havana", den schon Fidel Castro als Staatsgeschenk mit auf seine Insel nahm. In den *alambiques*, den Destillen

Restaurants

Rio de Janeiro

2D3D Café
(G/H 7), Rua Felício dos Santos 62
20240-240 (Santa Teresa)
Tel. 0(21) 21-38 52 89 09
2D3D@terra.com.br
Fr 21-2 Uhr, ab März geöffnet (unbedingt reservieren)
Hauptgericht um 20 R$ (8 €)
Atelier in einem Gebäude von 1896, das sich freitags in ein Restaurant verwandelt: Bis zu 50 Gäste können in dem mit vielen Exponaten dekorierten Raum auserlesene Köstlichkeiten probieren. Preiswert. Im Januar und Februar werden die Räume als Wohnungen vermietet (100 R$/40 € am Tag pro Person), Wochenpreis während des Karnevals ca. 2500 R$ (1000 €) für 2 Pers.

Casa da Feijoada
(G/H 7), Rua Prudente de Moraes 10, Loja B
22420-040 (Ipanema)
Tel. 0(21) 21-25 23 49 94
www.cozinhatipica.com.br
tgl. 12-24 Uhr
Feijoada 30 R$ (11 €) pro Person inkl. Cocktail, Nachspeise
Feijoada ist Nationalgericht. Der Bohneneintopf mit Schwein und Rind nebst Beilagen wird überall samstags serviert. Wer diesen Traditionstermin verpasst, kann das Versäumte hier an anderen Tagen nachholen. Für den deftigen Preis wird eine komplette *feijoada* inklusive *Cachaça*-Cocktail serviert. Eine Institution in Brasilien.

Churrascaria Porcão Rio's
(G/H 7), Avda. Enfante Dom Henrique
20021-140 (Aterro de Flamengo)
Tel. 0(21) 21-25 54 73 37
www.porcao.com.br
tgl. 11 Uhr-open end
Festpreis 35 R$ (14 €) M M
Rindfleisch-Kette, die für gute Qualität und besten Service bürgt. Es gibt mehrere Lokale, auch eines im Stadtteil Ipanema. Neueste Filiale am Strand von Flamengo (Guanabara-Bucht).

Carretão
(G/H 7), Rua Ronald de Carvalho 55
22021-020 (Copacabana)
Tel./Fax 0(21) 21-25 42 21 48

in den Barockstädten des historischen Minas, wird der Schnaps noch nach Urväterart gebrannt. *Alambiques* gleichen Hexenküchen – die Luft geschwängert von betäubender Süße, die Räume voller Mühlräder, Kupferkessel und Fässer, in denen der „Weiße" zum „Goldgelben" reift. Das Verkosten ist Ritual und Kunst zugleich: Wird die Flasche gegen das Licht gehalten, muss das „weiße Mädchen" durchsichtig sein oder einen klaren Goldton haben, darf nichts Flockiges, keine Trübung zeigen. Wird sie geschüttelt, sollten Luftbläschen hochschwimmen. Wird etwas auf die Haut geträufelt, soll es nach Honig oder nach dem Tropenholz des Fasses duften, in dem sich der *Cachaça* „ausruht und schläft". Die beste Reisezeit für Brasilien ist Mai bis Oktober. Denn dann ist Zuckerrohrernte in Minas Gerais, arbeiten die Brennereien. Start für alle Trips: Belo Horizonte, die Stadt mit den 11 000 Bars. *Rainer Fabian*

EXATA-Turismo (G 6), Avenida N. S. de Fatima 2060, 30710-020 Belo Horizonte, Tel. 0(21) 31-32 72 14 55, Fax 32 72 14 64
Tagestouren Cachaça-Museum, Destillerien, Orchideengarten
Sangetur (G 6), Rua Inconfidentes 732-Loja 01, 30140-120 Belo Horizonte (Savassi), Tel. 0(21) 31-32 61 10 55, Fax 32 62 01 39, www.sangetur.com.br,
Omnibustouren (5 bis 7 Tage) Barockstädte, Destillerien
Secretaria de Estado de Turismo (G 6), Praça Rio Branco 56, 30111-050 Belo Horizonte (Centro), Tel. 0(21) 31-32 72 85 67, allgemeine Informationen
Bar Academia de Cachaça (G/H 7), Avenida Armando Lombardi 800, Loja, 22640-000 Rio de Janeiro (Barra da Tijuca), Getränkekarte mit 50 Cachaças de Luxe. In Vitrinen zu bewundern: 2500 historische Flaschen mit Originaletiketten.

Empfehlenswerte Marken ***Germana (Der Reine), Rainha do Vale (Königin des Tals), Havana, Lua Cheia (Vollmond), Jotapé, Boazinha (Kleine Schöne), Erva Doçe (Anis)***

Festpreis: 500 Gramm kosten 10 R$ (4 €)
Bestes Selbstbedienungslokal im Süden Rios mit großem Buffet. Auch delikates Fleisch vom Spieß.

Yoruba
(G/H 7), Rua Arnaldo Quintela 94
22280-070 (Botafogo)
Tel. 0(21) 21-22 95 51 93
Fax 22 95 51 93
Mi-So 12-15, 19-1 Uhr
Hauptgericht um 12.50 R$ (5 €)
Mix aus afrikanischer und Bahia-Küche, zum Beispiel *acarajé* (mit Bohnen und Dende-Öl) oder *moquecas* (mit Fisch oder Shrimps). Sehr scharf.

Búzios

Estância Don Juan
(H 7), Rua das Pedras 178
28000-950 Búzios
Tel./Fax 0(21) 24-26 23 21 69
www.chezmichou.com.br
Do-Di 12-24, Mi 18-24 Uhr
Hauptgerichte um 37,50 R$ (15 €) M
Ebenso moderne wie stilvolle rustikale Churrascaria.

Curitiba

Schwarzwald
(F 7/8), Lg. da Ordem 63
80020-170 Curitiba (Centro)
Tel. 0(21) 41-223 25 85
tgl. 11-2 Uhr
Hauptgerichte um 15 R$ (6 €)
Beliebtes Lokal mit Biergarten und deutscher Küche. Viele deutschstämmige Gäste.

Florianópolis

Macarronada
(F 8), Av. Beira-Mar Norte 2458
88015-702 Florianópolis
Tel. 0(21) 48-223 26 66
www.macarronada.com.br
tgl. 11-1 Uhr
Hauptgerichte um 25 R$ (10 €)
Großes und immer volles italienisches Restaurant.

Fortaleza

Estoril
(I 3), Rua dos Tabajaras 397
60060-510 Fortaleza (Iracema)
Tel. 0(21) 85-219 83 89
tgl. 19 Uhr-open end
Hauptgericht um 25 R$ (10 €) M
Restaurant der gehobenen Klasse an der Strandpromenade von Iracema.

La Trattoria
(I 3), Rua dos Pacajus 125
60060-520 Fortaleza (Iracema)
Tel. 0(21) 85-219 36 66
tgl. 18-24 Uhr, Hauptgerichte um 40 R$ (16 €) M
Guter Italiener. Terrasse an der Promenade, romantisch.

Foz do Iguaçu

La Estância
(E 7), Av. das Cataratas
85857-970 Foz do Iguaçu
Tel./Fax 0(21) 45-523 53 24
www.laestancia.com.br
tgl. 11-15, 19-23 Uhr
Festpreis: 12,50 R$ (5 €)
Eine der beliebtesten Churrascarias der Stadt.

www.carretao.com.br
tgl. 11.30-24 Uhr
Festpreis 15 R$ (6 €) M
Gute, preiswerte Churrascaria, Delikatessen wie Sushi und Carpaccio im Einheitspreis inbegriffen, Nachspeisen nicht.

Marius
(G/H 7), Av. Atlântica 290 A
22010-000 (Leme)
Tel./Fax 0(21) 21-25 43 63 63
Av. Atlântica 290 B
22010-000 (Leme)
Tel./Fax 0(21) 21-25 42 23 93
www.marius.com.br
Mo-Fr 12-16, 18-24, Sa/So 12-24 Uhr
Festpreis 290 A: 50 R$ (20 €), 290 B: 40 R$ (15 €) M M
Neben den Porcão-Lokalen beste Churrascaria der Stadt, In-Restaurant der jungen Cariocas für den ganz großen Hunger. In der Av. Atlântica 290 A auch Fisch- und Meeresfrüchte.

Siqueira Grill
(G/H 7), Rua Siqueira Campos 16 B
22031-070 (Copacabana)
Tel./Fax 0(21) 21-22 55 34 46
www.siqueiragrill.com.br
tgl. 11-24 Uhr

Mal Restaurant, mal Ferienwohnung und immer eine Kunstgalerie: Im 2D3D Café in Rio können die Gäste sogar den Tisch kaufen, an dem sie gesessen haben

Bei Gesprächen aus dem Ausland entfällt die (21) in der Vorwahl, s. S. 127

Maceió

Império dos Camarões
(I 4), Av. Antônio Gouveia 21
57030-170 Maceió
(Praia da Pajuçara)
Tel. 0(21) 82-231 41 34
tgl. 11-0.30 Uhr
Hauptgerichte um 30 R$ (12 €), reichen für 2 Personen M
Stilvolles modernes Lokal am Strand. Fischspezialitäten.

Manaus

Panorama
(D 3), Av. Boulevard Rio Negro 199, 69070-130 Manaus
Tel. 0(21) 92-624 46 26
tgl. 11-16, 18-22.30, So -16 Uhr
Hauptgericht um 22,50 R$ (9 €)
Gutes Fischlokal mit Panoramablick auf den Rio Negro.

Olinda

Mourisco
(K 4), Praça Conselheiro João Alfredo 7
53020-020 Olinda (Carmo)
Tel. 0(21) 81-34 29 13 90
tgl. 12-15, 19-23 Uhr
Hauptgericht um 20 R$ (8 €)
Folkloristische Einrichtung. Gut.

Ouro Preto

Boca da Mina
(G/H 6), Rua Dom Silvério 108 A
35400-000 Ouro Preto
Tel./Fax 0(21) 31-35 51 17 49
tgl. 11-17.30 Uhr
Hauptgerichte um 17,50 R$ (7 €, ein Gericht reicht für zwei Personen) M
Die gelobte, aber schwere Küche von Minas Gerais.

Salvador da Bahia

Casa da Gamboa
(I 5), Rua João de Deus 32
40025-080 Salvador da Bahia (Pelourinho)
Tel./Fax 0(21) 71-321 33 93
Mo-Sa 12-15, 19-23.30 Uhr
Hauptgericht um 30 R$ (12 €) M
Exzellente bahianische Küche. Stilvolles Ambiente mit Gemälden von Künstlern der Region.

Encontro dos Artistas
(I 5), Rua Santa Isabel 12
40025-100 Salvador da Bahia (Pelourinho)
Tel. 0(21) 71-321 17 21
tgl. 10 Uhr-open end
Hauptgericht 15 R$ (6 €) für zwei Personen, Einzelgäste bestellen nur ein halbes Gericht (*meio prato*)
Nettes, künstlerisch dekoriertes Lokal mit bahianischer Küche. Preiswert.

São Paulo

Carlino
(G 7), Av. Vieira de Carvalho 154
01210-010 São Paulo
Tel./Fax 0(21) 11-223 16 03
Mo-Sa 12-15.30, 18.30-23, So 12-18 Uhr
Hauptgericht um 12,50 R$ (5 €)
Das älteste Restaurant der Stadt (1881) ist ein italienisches mit altmodisch-schöner Atmosphäre.

Famiglia Mancini
(G 7), Rua Avanhandava 81
01306-001 São Paulo (Bela Vista)
Tel./Fax 0(21) 11-256 43 20
www.famigliamancini.com.br
tgl. 11.30-1, Fr/Sa -3.30 Uhr
Hauptgerichte um 35 R$ (14 €, ein Gericht reicht für zwei Personen)
In-Lokal mit guter und preiswerter süditalienischer Küche. Das Ambiente gilt als schönste Farborgie von São Paulo.

Szene

Rio de Janeiro

Afrorio
(G/H 7), Teatro da Lagoa
Av. Borges de Medeiros 1426
22470-000 (Lagoa)
Tel.0(21) 21-22 19-31 02
Fax 22 19-31 02, Di 23-4 Uhr
Immer Funky Party. Die DJs mixen HipHop, Soul und Samba-Rock von Jorge Benjor bis zur Kuba-Band Orishas. Dazu jammen die Perkussionisten.

Carioca da Gema
(G/H 7), Av. Mem de Sá 79
20230-150 (Lapa)
Tel./Fax 0(21) 21-22 21 00 43
www.barcariocadagema.com.br
Di-Do 18-24, Fr/Sa 18-3 Uhr, ab 21 Uhr brasilianische Live-Musik, Fr/Sa reservieren
Eintritt 7,50 R$ (3 €)
Hinter dem Aquädukt Arcos da Lapa, viel Atmosphäre. An der Straße flanieren Transvestiten.

Caroline Cafe
(G/H 7), Rua J.J. Seabra 10,
22470-130 (Jardim Botânico)
Tel. 0(21) 21-25 40-07 05
www.carolinecafe.com
tgl. 21-2 Uhr
Gute Lage im Botanischen Garten. Die Küche serviert kleine Gerichte wie Hamburger, Falafel, Salate und Sushi. Viele kommen nur auf einen Drink wegen der Musik der DJs.

Casa da Mãe Joana
(G/H 7), Rua Gomes Freire 547
20231-011 (Lapa)
Tel. 0(21) 21-22 24 40 71
Mo-Sa 19-3 Uhr
Eintritt 7,50 R$ (3 €)
Nettes, großes Tanzlokal mit alter Live-Samba-Musik. Freitags- und samstagsabends voll.

Emporium 100
(G/H 7), Rua do Lavradio 100
20230-070 (Lapa)
Tel. 0(21) 21-38 52 59 04
www.emporium100.com
Mi-Sa 18-2 Uhr, Live-Musik ab 20 Uhr, am Wochenende unbedingt reservieren
Aus einem schlecht gehenden Antiquariat ein Sambalokal zu machen, war ein Erfolg. Eine Band spielt in der Gästerunde.

Febre
(G/H 7), Les Artistes, Rua Marquês de São Vicente, 75-A

MERIAN-Tipp
Cocktails vom Weltmeister

Das Cais do Oriente wurde Mitte 2001 eröffnet und ist seitdem der neue In-Treffpunkt Rios. Fünf Jahre vorher hatte Luciano Pires – portugiesischer Geschäftsmann, Autor von Cocktailrezepten und zweimaliger Barmann-Weltmeister – im alten Zentrum von Rio ein halb verfallenes Gebäude von 1878 entdeckt, gemietet und zu restaurieren begonnen. Das Ergebnis ist beeindruckend, besonders die gelungene Aufteilung in einen geschlossenen und einen Freiluft-Bereich, geschützt durch die Mauerruinen der alten Bausubstanz. Tagsüber ist das Cais do Oriente ein chices Restaurant, am Abend werden in der Piano-Bar Live-Konzerte veranstaltet.

Cais do Oriente (G/H 7), Rua Visconde de Itabraí 8, 20010-060 Rio de Janeiro (Centro), Tel./Fax 0(21) 21-22 03 01 78
caisdooriente@hotmail.com, Di-Sa 12-24, Mo 12-16 Uhr, Hauptgerichte um 22,50 R$ (9 €)
Piano-Bar: Di-Sa 20-24 Uhr, Eintritt 20 R$ (8 €)

Hautnah beim Forró: In den Strandbars und Discotheken treffen sich Jugendliche zu diesem Tanz, der aus dem Nordosten kommt

22451-041 (Gávea)
Tel. 0(21) 21-22 39-42 42
Fr 23-4 Uhr
Drum 'n' bass in Rio. DJs legen Platten auf. Samstags House-Party. Im ersten Stock gibt es ein Restaurant mit französischen Speisen.

Rock in Rio Café
(G/H 7), Av. das Américas 4666, Barra Shopping
22640-102 (Barra da Tijuca)
Tel. 0(21) 21-24 31 95 00
www.rockinriocafe.com.br
Di-Sa ab 20 Uhr, Live-Musik ab 22 Uhr, Sa nur Disco (Techno)
In einem Shopping-Center, modernes Ambiente. Publikum kaum älter als 30 Jahre.

Belém

Estação das Docas
(G 2), Belém (Hafen)
An der Hafenpromenade wurden einige Lagerhallen in moderne Bar- und Restaurantkomplexe verwandelt. Sehr in Mode.

Búzios

Chêz Michou
(H 7), Rua das Pedras 90
28950-000 Búzios (Centro)
Tel./Fax 0(21) 24-26 23 21 69
www.buziosonline.com.br
tgl. 12 Uhr-open end
Intensiv besuchter Meeting-Point. Offene Bar mit Crêperie, Musik und jüngerem Publikum.

Fortaleza

Pirata Bar
(I 3), Rua dos Tabajaras 325
60060-510 Fortaleza (Iracema)
Tel./Fax 0(21) 85-219 80 30
www.pirata.com.br
nur Mo 20-5 Uhr
Eintritt 15 R$ (6 €)
Immer voll, die Band spielt Forró und alle tanzen.

Strandbars in Fortaleza
An der Praia do Futuro **Subindo ao Céu** und **Chico do Carangueijo**: Die beiden Bars sind die traditionellsten, hier trifft man sich zum Forró. Erkundigen, welche der *barracas* an welchem Tag angesagt ist.

Foz do Iguaçu

Av. Jorge Schimmelpfennig
(E 7), Foz do Iguaçu
Straße des Nachtlebens: Nach dem Drink in der **Capitão Bar** geht die Jugend ins Tanzlokal **Alquimia**, ältere zu **Agência Tass**, eine große Bar mit Restaurant, Tanzfläche, Shows.

Natal

Chaplin
(I/K 4), Av. Pres. Café Filho 27
59014-100 Natal
(Praia dos Artistas)
Tel. 0(21) 84-202 11 88
www.chaplin.com.br
Do-Sa ab 21 Uhr, Eintritt 15 R$ (6 €), Do Damen freier Eintritt
Beliebtes Tanzlokal (*boate*) mit Live-Musik (Rock, Forró).

Porto Alegre

Dado Bier
(F 8/9), Av. Nilo Peçanha 3228
91330-001 Porto Alegre
(Chácara das Pedras)
Tel./Fax 0(21) 51-33 78 30 00
www.dadobier.com.br
Di-So 19.30 Uhr-open end
Der deutschstämmige Eigentümer heißt tatsächlich „Bier". Zu seinem gut besuchten Lokal gehören eine Bar mit Hausbrauerei, Restaurant und Discothek.

Salvador da Bahia

Casquinha de Siri
(I 5), Av. Otávio Mangabeira
Salvador da Bahia (Piatã)
Tel./Fax 0(21) 71-367 12 34
www.casquinhadesiri.com.br
tgl. 18-4 Uhr
Eintritt 5-7,50 R$ (2-3 €)
Halb offene Strandbar für Tausende von Gästen. Gute brasilianische Live-Musik.

Lagoa do Abaeté
(I 5), Salvador da Bahia (Itapoã)
Großer Bar- und Restaurantkomplex an einer Lagune. Sonntagnachmittags trifft sich hier das städtische Publikum.

São Paulo

Brahma
(G 7), Av. São João 677
01036-000 São Paulo
Tel./Fax 0(21) 11-33 33 08 55
tgl. 11 Uhr-open end
Lokal mit dem Charme der sechziger Jahre.

MERIAN-Tipp
Kaffee klassisch im Colombo

Die Confeitaria Colombo, Rios einziges traditionelles Kaffeehaus, hält allen Vergleichen mit Cafés in Wien, Paris oder Buenos Aires stand. Das Colombo wurde 1894 von den Portugiesen Joaquim Borges Meireles und Manuel Joaquim Lebrão gegründet und 1914-1918 erweitert. Sämtliche Einrichtungsgegenstände sind aus Europa importiertes *art nouveau*. Besonders beeindruckend die acht gewaltigen Spiegel aus Antwerpen, vier an jeder Seite, die den Raum ins Unendliche weiten. Doch während hier früher bedeutende Dichter, Sänger und Philosophen einkehrten, sitzen an den vielen kleinen Marmortischen heute fast nur noch Touristen, ist der Raum überfüllt, das Essen mäßig. Nur der Kaffee hat seine Qualität gehalten – am besten an der Bar vorne trinken –, und auch das Gebäck ist vom Feinsten.

Confeitaria Colombo (G/H 7), Rua Gonçalves Dias 32/36
20050-030 Rio de Janeiro (Centro), Tel./Fax (021) 21-22 32 23 00
www.chefrenatofreire.com.br, Mo-Fr 8-20, Sa 10-17 Uhr
Mittagsgerichte (Obergeschoss) 27,50 R$ (11 €)

Palast für Kaffeetrinker mit Grandezza: die Confeitaria Colombo

Gold machte Ouro Preto reich, das Genie Aleijadinho machte aus dem Reichtum barocke Kunst: die Igreja de São Francisco de Assis und ihr Markt

SEHENSWERT

Begnadete Hände

Auf den Spuren des Bildhauers Aleijadinho im barocken Ouro Preto

Ouro Preto ist eine Musterstadt des brasilianischen Barock. Ihr Name bedeutet „Schwarzes Gold". In der Umgebung wurde im 18. Jahrhundert Gold, durch Eisenoxidverbindungen schwarz gefärbt, in enormen Mengen gefunden und über Rio de Janeiro ins portugiesische Mutterland verschifft. **Ouro Preto** wurde reich.

Ein Künstler hat die Stadt und ihre Kirchen geprägt: Antônio Francisco Lisbôa, im Volksmund zärtlich *o aleijadinho*, „der kleine Krüppel", genannt. Geboren wurde er 1730 oder 1738 als Kind eines portugiesischen Architekten und einer afrikanischen Sklavin. Wegen einer leprösen Krankheit musste sich Aleijadinho im Alter Hammer und Meißel an seine verkrüppelten Hände binden lassen, um arbeiten zu können. Bis zu seinem Tod im Jahre 1814 war er unermüdlich tätig. Seine zahlreichen, meist in Holz und Sandstein gehauenen Werke machten ihn zum bedeutendsten brasilianischen Bildhauer und Holzschnitzer des Barockzeitalters.

Das 1200 Meter hoch gelegene Städtchen Ouro Preto, 1980 von der Unesco zum Weltkulturerbe erklärt, ist von Rio de Janeiro aus per Bus in etwa acht Stunden zu erreichen. Die Fahrt führt durch den an Bodenschätzen reichen Bundesstaat Minas Gerais mit den hübschen Kleinstädten **Tiradentes, Congonhas, Diamantina, Mariana** und **Sabará**.

Fast jeder Stadtrundgang in Ouro Preto beginnt am Praça Tiradentes („Zahnzieher"), benannt nach dem Zahnarzt Joaquim José da Silva Xavier, der als Anführer der mineirischen Unabhängigkeitsbewegung gegen Portugal 1792 hingerichtet wurde.

Rechts neben dem Museu da Inconfidência beeindruckt die von Aleijadinho entworfene Fassade der Igreja de Nossa Senhora do Carmo (1766-72). Auf der anderen Seite des Platzes, etwas unterhalb, erhebt sich die Igreja de São Francisco de Assis (1775-95), nach Ansicht des französischen Kunstgelehrten Germain Bazin „eines der vollkommensten Kunstdenkmäler der westlichen Welt".

Von Aleijadinho stammen die Pläne der sich auf einem achteckigen Grundriss erhebenden Kirche, auch die Skulpturen am Portal, die Holzschnitzereien der Chorkapelle und der sechs übrigen Altäre.

In der nahen Igreja Matriz de Nossa Senhora da Conceição (1727-46) befindet sich die Grabstätte des Bildhauers, nebenan das Museu do Aleijadinho mit sakralen Skulpturen Aleijadinhos. Sein Meisterwerk jedoch sind die Statuen der zwölf Propheten (1800-05) und 66 weitere Skulpturen im Santuário Bom Jesus do Matosinhos im 130 Kilometer von Ouro Preto entfernten **Congonhas**. *Helmuth Taubald*

Rio de Janeiro

Canecão
(G/H 7), Av. Venceslau Brás 215
22290-140 (Botafogo)
Tel. 0(21)21-25 43 12 41
Fax 25 43 49 57, www.tix.com.br
Do/Fr 21.30, Sa 22, So 20.30 Uhr
Eintritt 15-50 R$ (6-20 €)
Karten an der Abendkasse
Das traditionsreiche Canecão (neben dem Shopping-Center Rio Sul kurz vor der Copacabana) gehört zu den besten Showhäusern Rios. Hier treten Stars der brasilianischen Popmusik (MPB) auf.

Cristo Redentor, Corcovado
(G/H 7), (Corcovado)
tgl. 8-20 Uhr, organisierte Tour oder individueller Ausflug mit Zahnradbahn (*trem do Corcovado*) ab Rua Cosme Velho 513 (Laranjeiras)
Tel. 0(21)21-25 58 13 29
tgl. 9-17.30 Uhr, Fahrt 20 R$ (8 € hin und zurück)
Die gewaltige Christusstatue auf dem Gipfel des 704 Meter hohen Corcovado ist ein einmaliger Aussichtspunkt und unten in der Stadt allgegenwärtiger Orientierungspunkt.

Jardim Botânico
(G/H 7), Rua Jardim Botânico
22470-070 (Jardim Botânico)
Tel. 0(21)21-22 74 48 98
Fax 22 59 50 41, www.jbrj.gov.br
tgl. 8-17 Uhr, Eintritt 5 R$ (2 €)
Mit 140 Hektar, über 6000 tropischen Pflanzen- und mehr als 140 Vogelarten einer der größten botanischen Gärten Südamerikas. Zu den Attraktionen gehören eine Allee mit 30 Meter hohen Palmen, riesige Seerosengewächse (*vitória régia*) und Orchideen.

Pão de Açucar
(G/H 7), Av. Pasteur 520
22290-240 (Urca)
Tel. 0(21)21-25 46 84 00
Fax 25 42 16 41
www.bondinho.com.br
tgl. 8-22 Uhr
Hin- und Rückfahrt 20 R$ (8 €)
Der von der Copacabana leicht per Bus (511 oder 512) zu erreichende Zuckerhut überragt die Mündung der Bucht von Guanabara. Fahrt mit der Drahtseilbahn (*bonde*) erst bis zum Morro da Urca (Restaurant) und weiter auf die 394 Meter hohe Gipfelkuppe. Die Aussicht ist prächtig.

Praça Floriano
(G/H 7), (Centro)
Geschichtsträchtigster Platz im Stadtzentrum mit markanten Bauwerken: das der Pariser Oper nachempfundene Teatro Municipal (1909), das klassizistische Gebäude der Biblioteca Nacional (1910), Museu Nacional de Belas Artes (1908) und Palácio Pedro Ernesto (1923). Nebenan das Traditions-Café Amarelinho.

Aparecida

Magic Park
(G 7), Rua Isaac Ferreira Encarnação 501
12570-000 Aparecida (167 km von São Paulo)
Tel. 0(21) 12-565 18 64
Fax 565 24 95
www.magicpark.com.br
Do/Fr 10-18, Sa/So 9-19 Uhr, im Februar geschlossen
Eintritt Kinder unter 1,40 Meter 10 R$ (4 €), Jugendliche ab 1,40 Meter und Erwachsene 17,50 R$ (7 €)
Der Park (eröffnet Ende 1999), zeigt auf einer Fläche von 13 000 Quadratmetern 98 Miniatur-Modelle der wichtigsten Bauwerke aus 31 Ländern. Als brasilianische Wahrzeichen werden der Christus auf dem Corcovado, der Palácio do Planalto und die Catedral Metropolitana de Brasília präsentiert.

Belém

Teatro da Paz
(G 2), Praça da Paz
66017-210 Belém (Bairro do Comércio)
Tel. 0(21) 91-224 73 55
Vorstellung 21 Uhr (mehrmals wöchentlich), Karten an der Abendkasse oder im Vorverkauf
Besichtigung tgl. 9-18 Uhr
Kolossales Theater von 1878 im neoklassizistischen Stil. Vom Prunk der Blütezeit des Kautschukbooms zeugen die imposanten Marmorsäulen an der Außenfront sowie die gewaltigen Spiegel und Leuchter aus venezianischem Kristall. Theater, Tanz und Konzerte.

Brasília

Catedral Metropolitana
(F/G 5), Espl. dos Ministérios
77070-250 Brasília
Tel. 0(21)61-224 40 73
tgl. 8-17 Uhr (keine Shorts!)
Von Oscar Niemeyer entworfene und 1967 eingeweihte Kathedrale.Sie unterscheidet sich von traditionellen Kirchen durch die kreisförmige Anlage des Schiffs und die Dominanz farbiger Glasfenster in der Kuppel, die viel natürliches Licht einfallen lassen. Im Innenraum schweben drei Engel von Alfredo Ceschiatti.

Congresso Nacional
(F/G 5), Praça dos Três Poderes
72000 Brasília
Tel. 0(21)61-318 51 06
Fax 318 24 97
www.camara.gov.br
Mo-Fr 9.30-16.30, Sa/So 9-13.30 Uhr, Eintritt frei
Brasiliens Nationalkongress, von seinem Schöpfer Oscar Niemeyer selbst für sein eigentliches Meisterwerk gehalten, bestícht durch die eigenartige Architektur der konvexen und konkaven Linien. Im Innern kostbare Wandgemälde von Di Cavalcanti, ein Ölgemälde von Jacques Madvol, Lithografien von Maria Bononi, Engelsplastik sowie Frauenstatue von Alfredo Ceschiatti, Sitzmöbel von Le Corbusier und persische Teppiche.

Curitiba

Ópera de Arame
(F 7/8), Curitiba
www.curitiba.pr.gov.br
Start jede halbe Std. am Praça Tiradentes, Di-So 9-17.30 Uhr
Die Ópera de Arame von 1992, eine transparente Konstruktion aus Glas und Stahl des Architekten Domingos Bongestabs mitten in der Natur, ist die Hauptattraktion Curitibas. Hierher und zu 20 weiteren Sehenswürdigkeiten der Stadt führt die Linha Turismo.

Weltberühmte Spitze: der Zuckerhut in Rio de Janeiro

Fortaleza

Teatro José de Alencar
(I 3), Praça José de Alencar
60033-976 Fortaleza (Centro)
Tel./Fax 0(21)85-252 23 24
www.secult.ce.gov.br
Mo-Fr 8-17 Uhr
Führung zu jeder vollen Stunde
Eintritt 1 R$ (0,40 €)
Das 1910 eingeweihte Theater, Fortalezas kulturelle Hauptattraktion, ist eine Eisenkonstruktion im Jugendstil mit farbigen Glasfenstern, schönem Innenhof und Gartenanlage.

Manaus

Boi Arts
(D 3), Rua José Clemente 500
69010-070 Manaus (Centro)
Tel. 0(21) 92-637 68 07
Fax 233 80 13, Do-Sa 20-23 Uhr
Eintritt 15 R$ (6 €)
Neben dem Teatro Amazonas

Eine Treppe als Lebenswerk: die Escadaria do Convento in Rio

215 Stufen voller Farbenfreude

Seit 1990 arbeitet er fast täglich an seinem Lebenswerk und schwört: „Ich werde nie damit aufhören." Jorge Salerón, Bildhauer aus Chile, hatte damals die Eingebung, die 215 Stufen von der Rua Joaquim Silva zum Konvent von Santa Teresa in der Nähe des Zentrums von Rio de Janeiro mit bunten Kachelresten in den Farben seiner neuen Heimat zu verzieren. Doch bald uferte sein Projekt aus und Salerón begann, die blauen, grünen und gelben Scherben gegen vollständige Kacheln aus aller Welt auszuwechseln. Inzwischen ist ein reges internationales Tauschgeschäft entstanden: Begeisterte Touristen versorgen Salerón per Post oder beim nächsten Besuch mit neuem Material und erhalten dafür ein Foto mit ihren Kacheln an der Treppe. Und so entsteht aus der ehemaligen **Escadaria do Convento** – längst auch nach dem Künstler **Escadaria do Salerón** genannt – allmählich die Escadaria da Solidaridade internacional, die „Treppe der internationalen Solidarität".

gelegenes Showhaus mit Tanz- und Musikprogramm aus der populären und indianischen Folklorekunst Amazoniens (*boí bumba* u.a.). Das Innere gleicht einem Urwald und kann unabhängig von der Show täglich um 10 Uhr nach telefonischer Anmeldung besichtigt werden.

Mercado Municipal

(D 3), Rua dos Barés 46
69005-020 Manaus (Centro)
www.visitamazonas.com.br
Mo-Sa 5-18, So-12 Uhr
Beeindruckende Markthalle von 1882 mit einem bei Gustave Eiffel in Paris hergestellten Eisengerüst und bunten Glasfenstern wie in *Les Halles*. Täglich Fischmarkt.

Museu do Índio

(D 3), Rua Duque de Caxias 296
69020-140 Manaus (Centro)
Tel. 0(21)92-635 19 22
Fax 635 20 91
Mo-Fr 8.30-11.30, 14-16.30
Sa 8.30-11.30 Uhr
Eintritt 5 R$ (2 €)
Geschichte und Kultur der Indios der Region Alto Rio Negro. Kostüme, Jagdwaffen und Kunsthandwerk aus Keramik und Holz. Viele dieser Erzeugnisse im Museumsshop.

Niterói

Museu de Arte Contemporânea

(H 7), Mirante da Boa Viagem
24210-390 Niterói
(Boa Viagem)
Tel./Fax 0(21)21-26 20 24 00
www.acteh.com.br/macnit
Di-So 11-18 Uhr
Eintritt 2 R$ (0,80 €, Sa frei)
per Bus von Rio de Janeiro (ca. 20 km) oder Fähre ab Praça XV
1996 eingeweihtes Kunstwerk von Oscar Niemeyer. Dieses neue Wahrzeichen der Stadt fasziniert durch eine Ufo-ähnliche Form und die exponierte Lage über einem Küstenvorsprung mit einem der schönsten Blicke auf Rio. Ausstellungen zeitgenössischer Kunst.

Olinda

Museu do Mamulengo

(K 4), Rua do Amparo 59
53020-190 Olinda
Tel./Fax 0(21) 81-34 29 62 14
Di-So 11-17 Uhr
Eintritt 0,50 R$ (0,20 €)
Reizvolle Ausstellung von zum Teil sehr alten Figuren eines populären Puppentheaters.

Ouro Preto

Igreja Matriz de Nossa Senhora do Pilar

(G/H 6/7) Praça Monsenhor Castilho Barbosa 30
35400-000 Ouro Preto
Tel. 0(21)31-35 51 47 35
Fax 35 51 47 36
Di-So 9-10.45, 12-16.45 Uhr
tgl. Busse ab Rio de Janeiro, Fahrzeit ca. 8 Std.
Eine der prachtvollsten Kirchen des Landes, ausgestattet mit 434 Kilogramm reinem Gold, 400 Kilogramm Silber und 472 Engelsskulpturen. Angeschlossen das Museu de Arte Sacra da Cidade.

Petrópolis

Museu Imperial

(H 7), Rua da Imperatriz 220
25610-320 Petrópolis
Tel./Fax 0(21) 24-22 37 80 00
www.museuimperial.gov.br
Di-So 11-17 Uhr
Eintritt 5 R$ (2 €)
Busse ab Rio (Rodoviária), ca. 2 Std. Fahrzeit
Ehemalige Sommerresidenz der Familie des Kaisers Pedro II. Äußerlich ein eher schlichter Bau (1845) in neoklassizistischem Stil. Anschauliches Bild vom höfischen Leben in 14 prunkvollen Sälen. Wertvollstes Stück ist die mit 639 Brillanten und 77 Perlen bestickte Kaiserkrone von 1841.

Porto Seguro

Centro Histórico

(H/I 6), Cidade Alta
Porto Seguro
Die Küste bei Porto Seguro gilt als Landungspunkt des portugiesischen Seefahrers Pedro Álvares Cabral, der nach offizieller Lesart am 22. April 1500 die Ostküste Brasiliens entdeckte. In Porto Seguro befindet sich die älteste noch erhaltene Kirche Brasiliens, die Igreja da Misericórdia aus dem Jahre 1526. Ebenfalls aus dem 16. Jahrhundert stammen die Igreja Matrix de Nossa Senhora da Pena und die Igreja de São Benedito. Der Küstenstreifen um Porto Seguro wurde 1996 zum Museu Aberto do Descobrimento erklärt – zum „offenen Museum" mit Ausstellungen zur Geschichte Brasiliens.

Recife

Museu do Homem do Nordeste

(I/K 4), Av. 17 de Agosto 2187
52061-540 Recife (Casa Forte)
Tel. 0(21)81-34 41 55 00
Fax 34 41 56 00
www.fundaj.gov.br
Di/Mi/Fr 11-17, Do 8-17, Sa/So 13-17 Uhr, Eintritt Erw. 3 R$ (1,20 €), Kinder 1 R$ (0,40 €)
Alltags- und Sozialgeschichte der Bewohner des Nordostens. Wissenswertes über den Zuckerrohranbau, Demonstration des Sklavendaseins, des luxuriösen Wohnstils der Zuckerbarone und der Folklore.

Oficina Cerâmica Francisco Brennand

(I/K 4), Propriedade Santos Cosme Damião
50740-970 Recife (Várzea)
(16 km vom Zentrum)
Tel. 0(21)81-32 71 24 66
Fax 32 71 48 14
www.brennand.com.br

luciana@brennand.com.br
Mo-Fr 8-17 Uhr
Eintritt 2 R$ (0,80 €)
Francisco Brennand gehört zu den bedeutendsten Bildhauern Brasiliens. Wer die über 2000 Tonfiguren in seinem Atelier betrachtet, ist verblüfft von der obsessiven künstlerischen Konzentrierung auf weibliche und männliche Genitale.

Salvador da Bahia

Fundação Casa Jorge Amado
(I 5), Largo do Pelourinho,
40025-280 Salvador da Bahia
Tel. 0(21)71-321 01 22
Fax 321 07 20
tgl. 9-18 Uhr, Eintritt frei
Museum zu Leben und Werk des berühmten Schriftstellers.

Igreja e Convento de São Francisco
(I 5), Praça Padre Anchieta
40025-280 Salvador da Bahia
Tel. 0(21)71-322 64 30
Fax 322 69 46
tgl. 7-18 Uhr
Eintritt 2 R$ (0,80 €)
Die prunkvolle Franziskanerkirche (1708-1713) mit dem Beinamen *Goldene Kirche* ist üppig verziert mit vergoldeten Schnitzereien, Putten, Heiligenfiguren und zahllosen Engeln. Im Kreuzgang des Klosters Azulejos-Bilder des Lissaboner Meisters Bartolomeu Antunes de Jesus.

São Paulo

Instituto Butantã
(G 7), Av. Vital Brasil 1500
05503-900 São Paulo (Butantã)
Tel. 0(21)11-37 26 72 22
Fax 37 26 22 93
www.butantan.gov.br
instbut@uol.com.br
Di-So 9-16.30 Uhr
Eintritt: Erw. 3,75 R$ (1,50 €), Kinder 2,50 R$ (1 €)
Weltbekanntes Institut, das Seren gegen Schlangenbisse herstellt. Mehr als 60 der giftigsten Reptilienarten sind im Museum präsent – lebend.

Jardim Zoológico
(G 7), Av. Miguel Stéfano 4241
04301-905 São Paulo (Água Funda)
Tel. 0(21)11-50 73 08 11
Fax 50 73 72 38
www.zoologico.com.br
Di-So 9-17 Uhr,
Eintritt 7,50 R$
(3 €, bis 12 J. frei)
Zoo in einem sehr schönen Park, der zu den fünf größten der Welt zählt: Mehr als 400 Tierarten, darunter Krokodile, Affen, Papageien, Schlangen, Raubtiere, Elefanten, Giraffen.

Museu de Arte de São Paulo
(G 7), Av. Paulista 1578
01310-200 São Paulo (Centro)
Tel. 0(21)11-251 56 44
Fax 32 84 05 74
www.masp.art.br
Di-So 11-18 Uhr
Eintritt 10 R$ (4 €)
Lateinamerikas bedeutendste Kunstsammlung. Am wertvollsten die Gemälde von Rafael, Tizian, Cranach, Rembrandt, Velázquez, Goya, Monet, Renoir, Cézanne, van Gogh und Gauguin in der 2. Etage.

Teatro Municipal
(G 7), Praça Ramos de Azevedo
02339-080 São Paulo (Centro)
Tel. 0(21)11-223 30 22
Fax 223 37 15
Besichtigung mit Sr. Geraldo (Mo-Fr ab 14 Uhr, anmelden)
Traditionsreiches Theater, 1911 erbaut, mit kostbarem Mobiliar, großen Kronleuchtern, Skulpturen von italienischen Meistern des 19. Jahrhunderts und Freskenmalereien. Anspruchsvollstes Veranstaltungshaus São Paulos, ca. vier Vorstellungen pro Woche (Theater, Tanz, Konzerte).

Caruso kam nur bis Belém

Mit dem Teatro Amazonas wollten die Kautschukbarone Stars in den Regenwald locken

Wer den Film *Fitzcarraldo* von Werner Herzog gesehen hat, wird sich vorstellen können, wie viel Beharrlichkeit und Mühe es erforderte, inmitten des Regenwaldes ein riesiges Opernhaus zu bauen. Herzogs Film-Vorbild, der amerikanisch-peruanische Kautschukbaron Brian S. Fitzgerald, wollte Ende des 19. Jahrhunderts seinen Traum in Iquitos, im Amazonasgebiet von Peru, verwirklichen, doch die Brasilianer waren schneller: Sie bauten 1884-96 in Manaus das von portugiesischen Architekten im eklektizistischen Stil entworfene Teatro Amazonas. Es ist das bedeutendste architektonische Zeugnis aus der Glanzzeit des brasilianischen Kautschukbooms.
Schon von weitem, vom Fluss Rio Negro, ist die majestätische Kuppel zu sehen, die früher mit 36 000 Kacheln aus Deutschland verkleidet war. Der Bau selbst ist ein Zeugnis gesamteuropäischen Luxus: Portale aus italienischem Marmor, 198 Lüster (davon 32 aus venezianischem Murano-Glas), französisches Dekor, Treppen aus englischem Schmiedeeisen und 700 mit rotem Samt bezogene Sitze. Doch die Kautschukbarone hatten nicht viel von ihrer Oper – Enrico Caruso kam nur bis Belém und sang dort.
Als 1906 Malaya als Konkurrent auf dem Kautschukmarkt auftauchte, war es mit dem Boom vorbei, wurde auch bald das Theater geschlossen (1909). Manaus verfiel. Erst 1990 wurde die „Dschungel-Oper“ nach kompletter Restaurierung wiedereröffnet.

Helmuth Taubald

Teatro Amazonas (D 3), Praça São Sebastião, 69025-140 Manaus, Tel./Fax 0(21) 92-622 24 20, www.visitamazonas.com.br, teatroamazonas@visitamazonas.com.br, Besichtigung Mo-Sa 9-16 Uhr (auch mit Führung), Eintritt 5 R$ (2 €), fast täglich Vorstellungen, Karten an der Abendkasse

Abendländischer Luxus am Rio Negro: das Opernhaus in Manaus

Am heiligen Rasen von Maracanã

Im größten Fußballstadion der Welt liegt der Ball, mit dem Pelé sein 1000. Tor schoss

Es geschah 1950, als Brasilien die Weltmeisterschaft gewonnen hatte. Beinahe gewonnen hatte: Denn die aus Uruguay schossen am Ende noch ein Tor (Brasilien verlor 2:1) und im Maracanã-Stadion brach Totenstille aus. „Pfhh-hhhhhh machte ein Moskito, und alle 200 000 Zuschauer konnten ihn hören", erzählt der über siebzigjährige Isaias Ambrosio den Besuchern des Stadions bei der Führung. Alles was gut, alles was schlecht ist an Brasilien verkörpert auch dieses Kolosseum: Melodramen, Gefühlsausbrüche, Nationalstolz. Vor allem aber die gigantischen Dimensionen des Landes. Um die Fundamente für den Betonkrater zu legen, hatte man damals das größte Bau-Loch Lateinamerikas ausgeschachtet. Einen Sumpf voller Frösche. Noch nie wurden in der Tropenstadt so viele Froschschenkel gegessen. Die Cariocas fühlten sich als Erbauer einer Pyramide. Eine halbe Million Sack Zement und 10 000 Tonnen Eisen wurden von 10 000 Maurern verbaut. Inzwischen gibt es nur noch Sitzplätze, so dass die Besucherrekorde der Vergangenheit angehören. Am 31. August 1969, beim WM-Qualifikationsspiel Brasilien-Paraguay, kamen 183 341 Zuschauer, inoffizielle Angaben berichten sogar von Spielen mit 200 000 Besuchern.

Heute besuchen jedes Jahr mehr Touristen das Maracanã als den Corcovado. Im „Maracá" kann der Fußball-Fan den Ball besichtigen, mit dem Pelé sein 1000. Tor schoss, sich von Isaias Fußball-Anekdoten erzählen lassen und im Umkleideraum der Spieler auf die Massagebank legen. Ahhhh! Das also fühlt Ronaldinho! Auf dem Boden eines Vestibüls sind die Füße von Stars zu sehen, eingedrückt in Zement. Romário hat – so erkennt man – einen großen, großen Zeh. Das Betreten des Rasens ist verboten, leider hatte es in der Vergangenheit immer wieder Fans gegeben, die auf dem Spielfeld niederknieten, den Boden küssten und dabei heimlich mit den Händen Stücke des heiligen Rasens zusammenkratzten.

Rainer Fabian

Maracanã (G/H 7), Rua Prof. Eurico Ribeiro, Portão 18, 20271-150 Rio de Janeiro (Maracanã), Tel./Fax 0(21)21-25 69 33 46
Besichtigung: Mo-Fr 9-17, Sa/So 9-16, Eintritt 3 R$ (1,20 €)

Nirgendwo sonst findet die Fußball-Leidenschaft eine so perfekte Bühne wie im Maracanã-Stadion von Rio

Amazonas-Expedition

Encontro das Águas **(D 3)**, der Zusammenfluss des schwarzblauen Rio Negro mit dem lehmgelben Rio Solimões ist Ausflugsziel Nummer eins im Amazonasgebiet (ca. 6 Stunden, 60 R$/24 € inkl. Mittagessen). Möglich sind auch längere Touren auf den Flüssen oder zu den Anavilhas-Inseln.
Swallows and Amazons Tours
Rua Quintino Bocaiuva 189,
Andar 1, Sala 134
69005-110 Manaus (Centro)
Tel./Fax 0(21) 92-6221246
www.swallowsandamazons tours.com
swallows@internext.com.br

Angeln in Amazonien

Alter do Chão **(E 3)**
Gegenüber der Mündung des Rio Arapiuns gibt es reiche Fischgründe. Vor den großen Sandbänken der weiten Fluss- und Strandlandschaft schwimmen bis zu 30 Kilogramm schwere Stachelrochen. Sie werden nachts mit Köderfisch gefangen. Schwärme von Tucunarés *(cichla spec. tapajós)* bevorzugen die tiefen Stellen.
Ab Santarém eine Stunde per Bus/Auto und gut vier Stunden per Boot, Preis ca. 25 R$ (10 €) (Bus plus Boot).

Bootstouren

Ilha Grande **(G 7)**
Segelschoner steuern auf Tagesausflügen die Buchten der Ilha Grande bei Angra dos Reis an. Die Gelegenheit zum Baden und Schnorchel-Tauchen sollte man vor allem an der Nordseite der Insel Enseada das Estrelas (viele Seesterne), bei Saco do Céu und Freguesia de Santana sowie auf der Südseite an der Praia de Lopes Mendes (größter Strand der Insel) und der Praia Dois Rios (zwei Süßwasserflussmündungen) wahrnehmen. In Paraty werden Bootstouren zu einigen der mehr als 60 Inseln angeboten.
Abfahrt vom Hafen in Vila do Abraão tgl. zwischen 9 und 10 Uhr, verschiedene Routenangebote, Tagesausflüge kosten ca. 30 R$ (12 €)

João Pessoa **(K 4)**
Im Boot entlang an Felsenriffen, baden und tauchen. Fischschwärme in Mengen. Auf einer anderen Tour vor der Küste von João Pessoa kann man auf einer zwei Quadratkilometer großen Sandbank im Meer entspannen.
Von der Praia de Tambaú nach Picãozinho (15 Min. Fahrt, Gesamtdauer 2-3 Std.)
Von der Praia de Camboinha nach Areia Vermelha (5 Min. Fahrt, Gesamtdauer 2 Std.)

Drachenfliegen

Rio de Janeiro **(G/H 7)**
Ein Gleitflug über die grüne Berglandschaft am Meer ist ein unvergessliches Abenteuer. Anfänger gleiten im Tandem.
Praia do Pepino, São Conrado Start von der Rampe des Pedra Bonita.
Viele Anbieter vor Ort (ca. 125 R$, 50 €) oder Buchung bei Just Fly
Tel./Fax 0(21) 21-22680565
www.justfly.lookscool.com

Dünen-Expedition

Parque Nacional dos Lençóis Maranhenses **(H 3)**
Die Dünenlandschaft der „Sahara Brasiliens" ist halb so groß wie São Paulo (1500 km²). In der Regenzeit (Feb.-Mai) bilden sich zwischen den Dünen Seen und Wasserläufe.
370 Kilometer südwestlich von São Luís, Fahrt ab Barreirinhas 3 Stunden mit dem Boot und 40 Minuten zu Fuß, Bootsfahrt ca. 25 R$ (10 €)

Dünen-Buggytour

Genipabu in Natal **(I/K 3)**
Die Frage, ob die Tour „com ou sem emoção" (mit oder ohne Emotion) gewünscht wird, bezieht sich nicht auf romantische Gefühle, sondern aufs Tempo. Neulinge sollten die emotionslosere Berg- und Talfahrt durch die Sandberge wählen.

Eisenbahnfahrten

Serra do Mar **(F 7/8)**
Abenteuerliche Reise stets dicht am Abgrund, doch ein

Praia do Forte bei Salvador da Bahia: die schönsten Meter der 7400 Kilometer langen brasilianischen Küste

Traumstrände

Rio de Janeiro (G/H 7) Niemand, der nicht an den weltberühmten Meeresufern Copacabana und Ipanema bummelt oder badet – doch relativ unbekannt sind die schönen kleineren Strände von Prainha und Grumari in einem Naturschutzgebiet etwa eine Autostunde südwestlich von Rio de Janeiro.
Búzios (H 7) In Brasiliens mondänstem Badeort reihen sich 23 Strände. Gern besucht wird Tartaruga – Hügel im Hintergrund und Korallenriffe vor der Küste. João Fernandes und Ferradura sind beliebt wegen ihrer friedlichen Buchten mit ruhigem Wasser. Gesellige Badegäste bevorzugen den weitläufigen belebten Strand von Geribá. Mit Taxi oder Boot leicht zu erreichen.
Morro de São Paulo (I 5) Die Strände des bahianischen Seebades sind nummeriert. Mit der Entfernung nimmt die Einsamkeit zu. Nr. 2 wird wegen der Strandbars, der Mondfeste (*luaus*) und der geschützten Buchten geschätzt. Nr. 4 ist bereits recht ruhig, aber erst bei Nr. 5 beginnt die Idylle. Zu allen Stränden gelangt man gut zu Fuß.
Salvador da Bahia (I 5) Reicher Palmenbestand und stellenweise Dünen machen Piatã, Praia do Forte, Itapoã, Stella Maris und Flamengo sehr attraktiv. Populäres Ziel: die Bar Casquinha de Siri am Strand von Piatã . Der Bus zwischen Zentrum und Flamengo hält an allen Stränden.
Recife und Umgebung (I/K 4) Schöner als der bekannte Boa Viagem sind die Strände der weiteren Umgebung. Calhetas wird zu den zehn reizvollsten Stränden Brasiliens gerechnet. Er liegt an einer einsamen winzigen Bucht mit üppiger Vegetation in der Nähe eines Fischerdorfs. In Porto de Galinhas säumen tausende von Palmen das vier Kilometer lange Ufer, der Sand ist fein und weiß, das Wasser ruhig und sauber. Calhetas liegt 35 und Porto de Galinhas 62 Kilometer südwestlich von Recife. Busverkehr.
João Pessoa (K 4) (Paraíba) Die Praia da Penha, 10 Kilometer südwestlich und per Taxi oder Buggy erreichbar, ist idyllisch: Kokospalmen, schlichte Strandbuden, ruhiges Meer und ein Fischerdorf in der Nähe. Die Praia Tambaba liegt 50 Kilometer von Joao Pessoa entfernt (Transfers über Hotels). Das erste FKK-Gebiet im Nordosten Brasiliens ist bei ausländischen Touristen beliebt.
Natal (I/K 4) In Ponta Negra, acht Kilometer südwestlich (Taxi), ist eine Buggy-Tour durch die Dünen unverzichtbar. Majestätisch: die 120 Meter hohe Düne Morro do Careca. Viele Strandbuden.

Helmuth Taubald

Bei Gesprächen aus dem Ausland entfällt in der Ortsvorwahl die (21)

Nervenkitzel am Teufelsrachen

Safari im Nationalpark von Foz do Iguaçu

Die **Macuco-Safari-Tour** beginnt an der *Rodovia das Cataratas* bei Kilometer 25. Leistungsstarke Jeeps ziehen Waggons mit den Safarigästen drei Kilometer durch den Regenwald. Mit etwas Glück sind Affen, Nasenbären, Wasserschweine, Wildschweine und sogar Jaguare inmitten der subtropischen Gehölze zu entdecken. Dann führt ein Fußmarsch zum Rio Iguaçu, wo Schlauchboote für 25 Personen bereit liegen. Gegen den Strom (Spritzbad inbegriffen) fahren sie so dicht wie möglich an die gewaltigen Wasserfälle heran – Nervenkitzel kommt auf am 90 Meter tief fallenden *Garganta do Diabo* („Teufelsrachen"). Je nach Jahreszeit stürzen 150 bis 270 einzelne Fälle oder 300 bis 6500 Kubikmeter Wasser pro Sekunde unter ohrenbetäubendem Getöse in die Tiefe und zaubern eine Vielzahl von Regenbogen in die Luft. In Hochwasserzeiten scheinen die Fälle zu einem einzigen Wassersturz zu verschmelzen. Obwohl die meisten *cataratas* in Argentinien liegen, ist der Blick auf den 2700 Meter breiten Canyon von der brasilianischen Seite aus besser. Nach dem etwa zweistündigen Ausflug und einem Wechsel in trockene Garderobe starten am Besucherzentrum Elektro-Doppeldeckerbusse zu weiteren Ausflügen: zwei Lifte und eine Seilbahn, die sich zwischen Baumgipfeln entlanghangelt, versprechen schöne Aussichten. Und im großen Vogelpark (Parque das Aves) ist eine Vielzahl von Vogelarten zu bewundern. **(E 7/8)**

Macuco-Safari tgl. 8-17.30 Uhr alle 10 Min., Ticket 35 € (in Reais nur 66 R$), Buchungen: Ilha do Sol Agência de Viagens, Av. Morenita 2170, 85855-190 Foz do Iguaçu, Tel. 0(21) 45-529 62 62, Fax 529 79 76, www.macucosafari.com.br

Parque das Aves 85863-000 Foz do Iguaçu, Tel./Fax 529 82 82, www.parquedasaves.com.br, tgl. 8.30-17.30 Uhr, 15 R$ (6 €, bis 8 Jahre frei)

Seltenes Safari-Glück: Jaguare im Nationalpark Foz do Iguaçu

wunderschönes Panorama: Durch die Täler einer Wald- und Hügellandschaft schlängeln sich Bäche, von den Felsen rauschen Wasserfälle, und in der Ferne erheben sich hohe Berge.

Von Curitiba im Bundesstaat Paraná nach Paranaguá an der Küste, ca. 90 km
Tickets in Curitiba: Estação Rodoferroviária
Normalzug: in der Hauptsaison tgl., in der Nebensaison Do-So, Abfahrt 8, Ankunft 11, Rückfahrt 15 Uhr
Fahrpreis 35-85 R$ (14-26 €)
Komfortablerer Touristenzug: Hauptsaison tgl., Nebensaison Sa/So/Fei, Abfahrt 9, Ankunft 11.30, Rückfahrt 16 Uhr
Preis 87,50 R$ (35 €)
Info-Tel. 0(21) 41-323 40 07

Bento Gonçalves (F 8)

Nostalgiezug „Maria Fumaça" aus dem Jahre 1941. Während der Fahrt werden Weine der Region und Käse angeboten.

Von der Estação Ferroviária nach Garibaldi und Carlos Barbosa, Dauer 2 Std.
Hauptsaison tgl. 14 Uhr, Nebensaison Mi/Sa 14 Uhr
Reservierung: Giordani Turismo
Rua 13 de maio 581, loja 109
95700-000 Bento Gonçalves
Tel./Fax 0(21) 54-455 27 88
www.mfumaca.com.br
25 R$ (10 €) für Hin- und Rückfahrt inkl. Wein und Käse

Favela-Besuche

Rio de Janeiro (G/H 7)

Rocinho, die größte Armensiedlung Lateinamerikas, können Rio-Besucher in Begleitung eines Guides in zweieinhalb Stunden kennen lernen.

Marcelo Armstrong
Tel. 0(21) 21-33 22 27 27 od. 99 89 00 74 oder 97 72 11 33
Fax 33 22 59 58
www.favelatour.com.br
info@favelatour.com.br
Preis 45 R$ (18 €)
(Führungen auf Englisch, Französisch, Spanisch, Italienisch)

Nicht die Besichtigung von Elend, sondern die Infrastruktur der Favela und die sozialen Einrichtungen – es gibt sogar ein Internet-Café – stehen im Mittelpunkt der Touren.

Joggen

Rio de Janeiro (G/H 7)

Die schönsten Jogging- und Wanderwege Rios liegen ganz unten und ganz oben. Am Fuß des Pão de Açúcar (Zuckerhut) fast auf Meeresniveau und am Corcovado in 400 Meter Höhe. Die Pista Cláudio Coutinho (begehbar tgl. von 6-18 Uhr) ist nur zehn Taxi-Minuten von der Copacabana entfernt. Links der Zuckerhut und rechts, 20 Meter tiefer, das an die Felsen brandende Meer. Kein Radfahrer, kein Skateboarder und kein Pitbull stören Wanderer und Jogger. Nur die *sagüis*, Äffchen, die Bananen aus der Hand fressen, turnen in den tropischen Bäumen. Die Pista ist der sicherste Spazierweg in Rio, denn am „Roten Platz" stehen Soldaten. Sie bewachen die Militärakademie – und den Wanderweg.

Der Weg (2500 Meter hin und zurück) beginnt an der Praia Vermelha in Urca

Die Paineras ist eine der spektakulärsten Jogging-Strecken der Welt. Felsenwände, Bromelien, Regenwald und Fitnessgeräte säumen die 4,5 Kilometer lange, kurvige Straße hoch über Rio. Sie ist am Wochenende für Autos gesperrt. Kleine Wasserfälle liefern Quellwasser zum Duschen und zum Trinken. Der Panorama-

Schäumende und donnernde Naturgewalt: die 2700 Meter breiten Wasserfälle von Iguaçu

blick auf Ipanema und die Lagoa de Freitas tief unten ist unvergleichlich.
Anfahrt mit der Corcovado-Zahnradbahn (tgl. 8.30-17 Uhr), Talstation in Cosme Velho 513. Abfahrt alle 30 Minuten. Ticket: 20 R$ (8 €) für Hin- und Rückfahrt

Öko-Touren

Brasilien ist ein ideales Ziel ökologischer Abenteuerreisen. Es gibt zahlreiche Angebote für kleine Gruppen – zum Beispiel in die Kolonialstadt Lençóis, zu den paradiesischen Stränden von Itacaré oder in das riesige Naturreservat Pantanal.
Freeway Adventures
Rua Capitão Cavalcanti 322
04017-000 São Paolo
Tel. 0(21) 11-55 72 09 99
Fax 55 74 41 41
www.freeway-adventures.tur.br
Deutschsprachige Agentur, die den Ökotourismus in Brasilien verbreitet hat

Surfen

Der Strand von Arpoador zwischen Copacabana und Ipanema und der etwas außerhalb gelegene schöne Prainha-Strand sind beliebte Surf-Spots in Rio de Janeiro. In Saquarema, 100 Kilometer nordöstlich von Rio, fordern Wellen von drei Meter Höhe das Geschick der Surfer heraus. Praia da Guarda in Garopaba (Santa Catarina) und Itamambuca in Ubatuba (São Paulo) sind zwei weitere Surfer-Paradiese.

Tauchen

Parque Nacional Marinho dos Abrolhos (I 6)
Der Naturschutzpark von Abrolhos ist mit seinem Fischreichtum, 18 verschiedenen Korallenarten und einer Unterwassersicht bis 15 Meter Tiefe ein Paradies für Taucher. Aufenthalte nur über Reisebüros zu buchen, die ebenso wie die Reiseleiter von der Umweltschutzbehörde lizensiert sind.
Infos: Abrolhos Turismo, Praça Doutor Imbaffay 8
45900-000 Caravelas (Centro)
Tel. 0(21) 73) 297 11 49
Fax 297 11 09
www.abrolhosturismo.com.br
abrolhosturismo@uol.com.br
Tagestouren ab Caravelas zu den Abrolhos-Inseln (7.30-17 Uhr) für knapp 250 R$ (100 €) pro Person (Bootstransfer, Imbiss, Ausrüstung und Lehrer sowie 30-40 Min. Tauchen)

Fernando de Noronha (K 3)
Glasklares Meer, 230 Fisch- und 100 Korallenarten.
Infos: Águas Claras
Rua Alameda Boldro
53990-000 Fernando de Noronha
Tel./Fax 0(21) 81-36 19 12 25
www.aguasclaras-fn.com.br
info@aguasclaras.com.br
Halbtägiger Ausflug, 30 Minuten Tauchen mit Tauchlehrer, Ausrüstung 150 R$ (60 €)

Wandern

Rio de Janeiro (G/H 7)
Der Floresta da Tijúca gilt als größter städtischer Regenwald der Welt. Ein ausgedehntes beschildertes Wegenetz führt durch den Nordwestteil. Ausgangspunkt: Parkeingang bei Alto da Boa Vista. Der Aufstieg zum 1021 Meter hohen Pico da Tijúca (hin und zurück ca. 3 Std.) wird mit einer großartigen Aussicht belohnt.
Geführte Touren bietet z.B. Rio Hiking Tours
Rua Almirante Alexandrino 3226/404
20241-262 Rio de Janeiro (Santa Teresa)
Tel. 0(21) 21-22 45 40 36
www.riohiking.com.br
tours@riohiking.com.br
halber Tag 75 R$ (30 €), ganzer Tag 112,50 R$ (45 €)

Parque Natural do Caraça
Naturschutzgebiet in der Übergangszone zwischen dem Atlantischen Regenwald und einer bizarren Bergregion mit Erhebungen von über 2000 Metern. Wandern, Baden in Teichen oder unter Wasserfällen, Grottenbesuch und Bergsteigen. Unterkunft in einem ehemaligen Kloster, der Hospedaria do Caraça (▶ s. Über Nacht)
108 Kilometer östlich von Belo Horizonte (Bus nach Santa Bárbara, dann Taxi, insgesamt 3 Std.), tgl. 7-17 Uhr (H 5)

Parque Nacional Chapada Diamantina (H 5)
Reizvolle zerklüftete Gebirgslandschaft. Kahle Hochebenen, bräunlich gefärbte Canyons, felsige Steilhänge und Grotten wechseln sich ab mit dem Grün der Täler, vielen Flussläufen und Wasserfällen.
Ab Salvador da Bahia mit Bus (Rodoviária) bis Lençóis, Fahrtzeit 7 Stunden
5-stündiger Reitausflug für 2 Personen mit Führer 60 R$ (24 €), Paurino (Artesanato Lençóis), Rua das Pedras 109, Lençóis, Tel. 0(21) 75-334 14 03

Reiseplanung

Landesinformation Basis-Infos von der Zentralstelle für Auslandskunde **www.dse.de/za/lis/brasil/homepage.htm**

Botschaft Die virtuelle Visitenkarte im Netz mit News und Links **www.brasilianische-botschaft.de**

Varig Deutschsprachige Seiten der brasilianischen Airline mit guten Infos zu Air-Pässen **www.varig.de**

TAM Mit dem Airbus A330 täglich von Frankfurt nach Sao Paulo **www.tam.com.br**

Unterkünfte 1600 Hotels **www.brazilinfo.com/HotelsEn.htm**

Wetter Vorhersage auch für kleine Orte per Grafik **www.tempoagora.com.br**

Währung Der Kurs schwankt: Euro zu brasilianischen Real **www.oanda.com/converter/classic?lang=de**

RuppertBrasil Veranstalter mit Baustein-Rundreisen und individuellen Arrangements **www.RuppertBrasil.de**

Infos

Rio Online-Portal für Rio und Brasilien: Unterkünfte, Clubs, Bars und mehr **www.riodejaneiro.com**

Tópicos Die Online-News der Deutsch-Brasilianischen Gesellschaft **www.topicos.de**

GuiaWEB Die brasilianische Suchmaschine, alles auf Portugiesisch **www.guiaweb.com**

TV und Radio Links zu den Homepages der Sender mit Live-Radio für die Boxen **www.musiknetz.com/radio-stations.html**

Wörterbuch Nachschlagen per Mausklick: Deutsch-Portugiesisch **http://dictionaries.travlang.com/GermanPortuguese/**

Live-Bilder

Brasilia Trüber Himmel über dem Palácio do Congresso Nacional? **www.uol.com.br/ aliwebcam/alicams/brasilia**

Fernando de Noronha Brandung am Strand von Conceçao **www.uol.com.br/aliwebcam/alicams/noronha**

Porto Alegre Vier Ausblicke auf die südbrasilianische Stadt **www.wcams.com.br/camera1.htm**

Rio Zuckerhut auf dem Bildschirm **www.uol.com.br/aliwebcam/alicams/rio1**

Virtuelle Reisen

Samba Die Web-Adresse für Samba-Fans mit den Karnevalsterminen bis 2010 **www.worldsamba.org**

Sebastiao Salgado Der große brasilianische Fotograf mit seinen Schwarzweißfotos des „Migration Project" **www.terra.com.br/sebastiaosalgado**

Caipirinha Limettensaft, brauner Zucker – und was noch? Die Zutaten und Cocktailtipps **www.caipi.de**

Fußball Alles über den Nationalsport auf Deutsch **www.soccerage.com/de/25/00002.html**

Amananka'a Amazon Network Hilfe für die Naturvölker am Amazonas **www.amanakaa.org**

Nazareno Initiative, die sich um Straßenkinder in Fortaleza kümmert **www.rosemeyer.de/nazareno**

Karneval Das Fest im Cyberspace **http://ipanema.com/carnival/ghome.htm**

Internetcafés Adressen zum Abfragen der elektronischen Post auf Reisen **http://internetcafeguide.no/brazil.html**

▶ Sämtliche Links direkt zum Anklicken unter **www.merian.de/magazin**

Online nach Rio de Janeiro reisen und weiter zu detaillierten Informationen über 5000 Reiseziele unter der Web-Adresse www.merian.de

Der MERIAN-Shop
Die Service-Seiten von MERIAN im Internet: Alle lieferbaren Hefte, die Reiseführer MERIAN live und das Auto-Navigationssystem MERIAN scout können unter www.merian.de per Mausklick bestellt werden. Wer via Web MERIAN-Abonnent wird, hat die Wahl zwischen verschiedenen Prämien. Mehr unter **www.merian.de**

MERIAN-Straßenkarte
BRASILIEN
Autobahn
Fernverkehrsstraße
Hauptstraße
Nebenstraße
Entfernung in Kilometer
UNESCO-Welterbe
Flughafen
Flugplatz
Nationalpark
© MERIAN-Kartographie
VENEZUELA
KOLUMBIEN
GUYANA
SURINAM
PERU
BOLIVIEN
CHILE
PARAGUAY
Bergland von Guayana
Amazonas
Selvas
Acre
Rondônia
Mato Grosso
Roraima
La Montaña
Cordillera de los Andes
Cordillera Occidental
Cordillera Oriental
Cordillera Central
Chapada dos Parecis
Serra do Cachimbo
Serra do Tombador
Planalto do Mato Grosso
Pantanal
Pazifischer Ozean
Golfo de Arica
GEORGETOWN
PARAMARIBO
El Dorado
Mackenzie
Maripa
Skeldon
Brokopondo
Monte Roraima 2810
Juliana Top 1230
Boa Vista
Caracaraí
Catrimani
Uberlândia
Rodovia Perimental Norte
Serra Acari
Sa. Parima
Sierra Tapirapeco
Pico da Neblina 3014
P.N. do Pico da Neblina
R.F. do Rio Negro
P.N. do Rio Branco
P.N. do Jaú
La Esmeralda
S. Carlos do Rio Negro
S. Gabriel da Cachoeira
Santa Isabel do Rio Negro
Barcelos
La Pedrera
Maraã
Balbina
MANAUS
Encontro das Águas
Iranduba
Itaquatiara
Autazes
Careiro
Nova Olinda do Norte
Borba
Anori
Coari
Tefé
Tiago
Óbidos
Faro
Parintins
SANTARÉM
Alter do Chão
Monte Alegre
Itaituba
São Luís do Tapajós
P.N. de Amazônia
Santo Antônio do Içá
IQUITOS
Leticia
Tabatinga
Benjamin Constant
Requena
Carauari
Eirunepé
Lábrea
Humaitá
Manicore
Boca do Acará
Tapauá
Hevelândia
Transamazônica
Jacareacanga
Apuí
Morais de Almeida
Cruzeiro do Sul
Tarauacá
Feijó
P.N. da Serra do Divisor
PUCALLPA
Sena Madureira
Boca do Acre
RIO BRANCO
Xapuri
Iñapari
Fortaleza
Manoa
PORTO VELHO
Sa. dos Três Irmãos
Aripuanã
Rondônia
P.N. de Pacaás Novos
Príncipe de Beira
Vilhena
Peixoto de Azevedo
Sinop
Parque Indígena do Xingu
Diamantino
Vila Bela da Sant. Trinidade
VÁRZEA GRANDE
CUIABÁ
Cáceres
RONDONÓPOLIS
P.N. de Pantanal Matogrossense
Alto Araguaia
Coxim
Corumbá
Puerto Suarez
Miranda
Aquidauana
CAMPO GRANDE
Mato Grosso do Sul
Bonito
Pto. Murtinho
Ponta Porã
DOURADOS
UMUARAMA
Guaíra
Manú
Puerto Maldonado
San Francisco
CUZCO
6271
Macusani
Nevado Palomani 5999
Pto. Acosta
Lago Titicaca
Nazca
Nev. Coropuna 6425
AREQUIPA
PUNO
LA PAZ
Ixiamas
Trinidad
COCHABAMBA
Yungas
San José de Chiquitos
SANTA CRUZ DE LA SIERRA
ORURO
Nevado de Sajama 6520
Lago de Poopó
SUCRE
POTOSÍ
Tarija
TACNA
Ilo
Arica
IQUIQUE
6180 Cerro Aucanquilcha
ANTOFAGASTA
Volcán Llullaillaco 6723
SAN SALVADOR DE JUJUY
San Pedro
San Ramón de la Nueva Oran
Gran Chaco
Mariscal Estigarribia
Fn. General Diaz
Fn. Tte. Rojas Silva
Concepción
Rio Negro
Rio Branco
Rio Japurá
Rio Solimões (Amazonas)
R. Içá
Rio Yavari
Rio Juruá
Rio Purus
Rio Madeira
Rio Tapajós
Rio Juruena
Rio Beni
Rio Mamoré
Rio Grande o Río Guapay
Rio Paraguai
Rio Pilcomayo
Rio Ucayali
Rio São Manuel
Rio Orinoco
Esequibo River
Serra de Maracajú

INFO

Sambódromo und auf recht exhibitionistische Feste. Der große Straßenkarneval findet im Nordosten, in Salvador da Bahia, Recife und Olinda statt.

Juni
Festival folclórico in Parintins (Amazonien). Nach dem Karneval das zweitwichtigste Folklorefest Brasiliens (drei Tage am Monatsende).

Juni/Juli
Festas juninas, Folkloreveranstaltungen im Nordosten, vor allem in São Luís und Belém (13. bis 30. Juni).

Juli
Festival de Inverno in Campos do Jordão (São Paulo). Bedeutendes Kunstmusik-Festival im Auditorium Claúdio Santoro.

Festival Internacional de Dança de Joinville (Santa Catarina). Größtes Tanzfestival Lateinamerikas im Auditorium Cau Hansen (zweite Monatshälfte).
www.festivaldedanca.com.br

Festival de Invernoda UNI-BH in Ouro Preto. Unbedingt Zimmer reservieren.
www.festinverno.unibh.br

Sonderkarneval Fortal in Fortaleza an der Av. Beira-Mar (letztes Juli-Wochenende).

August
Festival da Pinga in Paraty. Traditionelles Volksfest rund um den Zuckerrohrschnaps Cachaça (drittes Wochenende).

Oktober
Oktoberfest in Blumenau. Kopie des Münchner Oktoberfests (erste Monatshälfte).

Recifolia, großer Sonderkarneval in Recife (Boa Viagem). (Ende des Monats)

Oktober (bis Dezember)
Bienal Internacional in São Paulo Lateinamerikas größte Ausstellung bildender Kunst im Parque do Ibirapuera (Pavilhão da Bienal).

Dezember
Das traditionell größte Silvesterfest Brasiliens mit zwei Millionen Besuchern findet in Rio de Janeiro am Strand von Copacabana statt. Zu Ehren der Meeresgöttin Iemanjá wird weiße Garderobe getragen. Ein unvergessliches Ereignis.

Vom Kaffee zur Industrie

São Paulo hat 10 Millionen Einwohner, die zahlreichen ethnischen Gruppen angehören. Die größte Stadt Südamerikas ist Boomtown und der wirtschaftliche Motor des Landes. Hunderttausende wandern jährlich zu – in der Hoffnung auf ein besseres Leben.

Info

Globo, die größte Zeitung des Landes, veröffentlicht Termine und Veranstaltungen. Nützlich der jährlich erscheinende *Guia Brasil* (Verlag 4 rodas) mit 500 Adressenseiten besserer Hotels, Pousadas und Restaurants.

Buchtipps

Jorge Amado, **Dona Flor und ihre zwei Ehemänner,** Piper, 10,17 €
Das Verschwinden der Heiligen Barbara, Piper, 10,17 €
Mehr als 20 Romane des international bekannten Schriftstellers wurden in 47 Sprachen übersetzt.

Euclides da Cunha, **Krieg im Sertão,** Suhrkamp, 2000, 15,29 €
Über den Krieg zwischen Regierung und den Rebellen von Canudos im 19. Jahrhundert.

Patrick Grainville, **Zorn,** Klett-Cotta, 1994, 22,49 €
Der beste zeitgenössische Roman eines Ausländers über Rio.

Anton Jakob, **MERIAN live! Rio de Janeiro,** Gräfe und Unzer, 2000, 7,95 €
Alle wichtigen Informationen im Taschenformat.

Claude Lévi-Strauss, **Traurige Tropen,** Suhrkamp, 1999, 14,21 €
Hauptwerk des berühmten französischen Anthropologen über seinen Aufenthalt in Brasilien in den 30er Jahren.

Nick Selby u.a., **Brasilien-Handbuch,** Walther Verlag, 2000, 22,90 €
Deutsche Ausgabe aus der Reihe „Lonely Planet". Umfangreiches Handbuch mit vielen wichtigen Hinweisen.

Helmuth Taubald, **Brasilien. Richtig reisen,** DuMont, 2000, 22,50 €
Informationsreicher und gut lesbarer Reiseführer.

Helmut Teissl, **Rio Carnaval – Das große Defilee.** Mit Samba-CD, Christian Brandstätter, 1999, 55,22 €
Die ganze Farbenpracht des Karnevals ist in diesem Bildband hervorragend dargestellt.

João Ubaldo Ribeiro, **Brasilien,** Suhrkamp, 2000, 13,70 €
Großer Epochenroman. 300 Jahre brasilianische Geschichte.

Kontakte

Karten aus MERIAN-Heften sind unter der Telefonnummer (089) 450 00 72 72 oder unter geomatics@ipublish.de zu bestellen.

Auskunft

Ländervertretungen in Brasilien

Deutsche Botschaft
Setor Embaixada Sul
(F/G 5), Avenida das Nações,
quadra 807, lote 25
70415-900 Brasília-DF
Tel. 0(21) 61-443 73 30
Fax 443 75 08
www.embaixada-alemanha.org.br
pr@embaixada-alemanha.org.br

Schweizer Botschaft
Setor Embaixada Sul
(F/G 5), Avenida das Nações,
quadra 811, lote 41
70448-900 Brasília-DF
Tel. 0(21) 61-443 55 00
Fax 443 57 11
www.dfae.admin.ch/brasilia
vertretung@bra.rep.admin.ch

Österreichische Botschaft
Setor Embaixada Sul
(F/G 5), Avenida das Nações,
quadra 811, lote 40
70426-900 Brasília-DF
Tel. 0(21) 61-443 31 11
Fax 443 52 33;
emb.austria@zaz.com.br

Notfall-Telefon

Polizei 190
In den Fremdenverkehrsorten gibt es eine Touristenpolizei (keine einheitliche Nummer)
Feuerwehr 193 (auch für Erste Hilfe). Im Notfall besser Taxi bestellen und in ein privates Krankenhaus fahren.

Visa

Bürger Deutschlands, Österreichs und der Schweiz benötigen kein Visum.

Landesdaten

Fläche
8,5 Mio. Quadratkilometer. Brasilien ist das fünftgrößte Land der Erde und 24 Mal so groß wie Deutschland. Mit allen Staaten Südamerikas außer Chile und Ecuador hat Brasilien gemeinsame Grenzen.

Geographie
51 Prozent des Landes bestehen aus Hochplateaus, 49 Prozent aus den Ebenen Amazoniens, des Pantanal, der Pampa und des 7400 Kilometer langen Küstenstreifens.

Bevölkerung
169,5 Millionen Einwohner. Die meisten leben in Küstennähe, 85 Prozent davon in Städten.

Religionen
Mit ca. 85 Prozent Katholiken größtes katholisches Land der Welt. Häufige Vermischung mit afrobrasilianischen Religionen. 6 bis 10 Prozent Protestanten.

Wirtschaft
Führend sind Industrie- und Dienstleistungssektor mit 29 und 62 Prozent des Bruttoinlandprodukts (BIP), während die Agrarwirtschaft nur 9 Prozent des BIP ausmacht. Die Ungleichheit der Einkommen ist extrem.

Flora und Fauna

Nirgendwo sonst gibt es so viele Arten an Tieren, Süßwasserfischen, Insekten und Blütenpflanzen. Die meisten Pflanzen und Tiere sind im Norden des Landes verbreitet, der großenteils von einem immergrünen tropischen Regenwald bedeckt ist. Gezählt wurden mehr als 2500 Baumarten, viele bis zu 60 Meter hoch, und etwa 1000 Farn- und Orchideenarten. In Amazonien gibt es 1500 Fisch- und ebenso viele Vogelarten. Farbenprächtige Schmetterlinge mit einer Spannweite bis zu 25 Zentimetern sind keine Seltenheit.

Verkehrsmittel

Lufthansa und Varig bieten Direktflüge ab Frankfurt nach Rio und São Paulo an. Die Fluggesellschaft TAM fliegt täglich von Zürich über Frankfurt nach São Paulo für 775 € (inkl. Rail & Fly von allen deutschen Großstädten, zzgl. Flughafen- und Sicherheitsgebühren). Swissair/ Crossair fliegt ab Zürich nach Rio und São Paulo. Wegen der großen Entfernungen empfiehlt sich bei Reisen in Brasilien das **Flugzeug**. Vorab in Deutschland einen Airpass kaufen. **Fernbusreisen** sind eine preiswerte Alternative, aber zeitaufwendig (Rio-Salvador z.B. 29 Std.). Innerhalb der Städte ist **Taxifahren** bedeutend billiger als in Deutschland. Preiswert sind die zahlreichen Nahverkehrsbusse. Bezahlt wird hinten, ausgestiegen vorn.

Telefon

In die Vorwahlnummern nach der Null (national) bzw. den beiden Nullen (international) muss noch die Kennzahl einer Telefongesellschaft eingesetzt werden. MERIAN hat sich bei der Angabe der Telefonnummern im Heft für die 21 (jeweils in Klammern) der Telefongesellschaft Embratel entschieden. Diese Nummer gilt für alle Ferngespräche innerhalb Brasiliens und ins Ausland (z.B. nach Hamburg: 00-21-49-40-Anschluss). Bei Gesprächen nach Brasilien (Vorwahl 0055) entfällt die Zahl.

Reisezeit, Klima, Kleidung

Brasilien kann ganzjährig bereist werden. Die meisten Besucher kommen während der europäischen Wintermonate, dem brasilianischen Sommer. Zwischen Weihnachten und Karneval reisen auch viele Einheimische, alles ist teurer und voller, andererseits belebter und vielleicht interessanter. Während des brasilianischen Winters (Juni bis September) ist es bis auf den Schulferienmonat Juli ruhig. Im Süden können die Temperaturen jedoch unter den Gefrierpunkt fallen. Je näher der Äquator rückt, desto angenehmer und konstanter sind die Temperaturen (25-30° C). Die Regenzeit in Amazonien dauert von Januar bis April. Die Nebensaison im Herbst und Frühling ist als Reisezeit besonders zu empfehlen.
Die Angaben in den Balken gelten für Rio de Janeiro. Niederschlagreichster Monat ist der Dezember mit 12 Regentagen.

Tagestemperaturen	25 - 30° C
Sonnenschein pro Tag	5 - 7 Stunden
Wasser	22 - 26° C

Gesundheit

Privatärztliche Versorgung auf deutschem Niveau. Am besten bar bezahlen und die Rechnung bei der Krankenversicherung einreichen (Krankheit und Therapieform vermerken lassen). Impfungen sind nicht vorgeschrieben. Für Reisen in die ländlichen Gebiete der Bundesstaaten Amazonas, Acre, Goiás, Maranhão, Mato Grosso, Mato Grosso do Sul, Pará und Rondônia wird eine Schutzimpfung gegen Gelbfieber empfohlen.

Sprache

Amtssprache ist Portugiesisch. Nur wenige Leute sprechen Englisch. Unbedingt ein Wörterbuch mit brasilianischem Portugiesisch mitnehmen.

Post

Sendungen werden in den Postämtern (*correios*) abgegeben, Briefkästen gibt es kaum. Briefe nach Europa benötigen vier bis fünf Tage.

Verhaltenstipps

Geld immer nur in kleinen Mengen mitführen und bei Überfällen ohne Gegenwehr herausgeben. Im Süden und Nordosten ist das Risiko gering. Am Strand Sachen nie unbeaufsichtigt lassen, und nicht nachts an unbeleuchtete Strandabschnitte gehen.

Feste und Veranstaltungen

Februar
Der Karneval in Rio beschränkt sich weitgehend auf den Umzug der Sambaschulen im

F
G
H
I
K
1
2
3
4
5
6
7
Atlantischer
Ozean
Äquator
Kourou
Cayenne
ZÖSISCH-
YANA
Oiapoque
Calçoene
Cabo do Norte
Amapá
Macapá
Baía de Marajó
Ilha de Marajó
BELÉM
Bragança
Turiaçu
Limoeiro de Ajuru
R. Pará
Rio Xingu
Rio Tocantins
Tucuruí
Represa de Tucuruí
Pinheiro
Baía de São Marcos
P. N. dos Lençóis Maranhenses
SÃO LUÍS
Parnaíba
Camocim
Sobral
FORTALEZA
Atol das Rocas
Ilha Fernando de Noronha
Santa Inês
Sa. do Tiracambu
Codó
Maranhão
TERESINA
Timon
Aracati
Pico Alto 1150 m
Crateús
Ceará
MOSSORÓ
Macaú
Rio Grande do Norte
Cabo de São Roque
Genipabu
NATAL
São João do Araguaia
MARABÁ
IMPERATRIZ
Grajaú
P.N. de Mirador
Pastos Bons
São Félix do Xingu
Carajas
Estreito
Iguatu
Picos
Floriano
Araguaína
Carolina
Balsas
Piauí
JUAZEIRO DO NORTE
Patos
CAMPINA GRANDE
JOÃO PESSOA
Paraíba
OLINDA
RECIFE
Redenção
Serra dos Gradaús
Rio Araguaia
Tocantins
Miracema de Tocantins
Alto Parnaiba
P.N. da Serra da Capivara
Salgueiro
CARUARU
Pernambuco
P.N. do Araguaia
Mte. Alegre do Piauí
Petrolina
Juazeiro
Paulo Afonso
Barreiros
ARAPIRACA
MACEIÓ
Alagoas
Represa de Sobradinho
Caatinga
Euclides da Cunha
Sergipe
Santa Terezinha
Porta Nacional
Rio Tocantins
Espigão Mestre
Xique-Xique
Barra
Itapeipu
ARACAJU
São Félix
Ilha do Bananal
Gurupi
Barreiras
Bahia
Ibotirama
FEIRA DE SANTANA
ALAGOINHAS
Costa do Sauípe
SALVADOR DA BAHIA
Serra do Roncador
Palmeirópolis
Lençóis
P. N. Chapada Diamantina
S.Miguel do Araguaia
Minaçu
Picos de Almas 1850
Jequié
Morro de São Paulo
Niquelândia
Nova Xavantina
Rio São Francisco
Carinhanha
VITÓRIA DA CONQUISTA
Campinho
Itacaré
Ilhéus
ITABUNA
Goiás
Barra do Garças
Goiás Velho
BRASÍLIA
Distrito Federal
Januária
IPORÁ
ANÁPOLIS
GOIÂNIA
MONTES CLAROS
Porto Seguro
Caravelas
P. N. Mareinho dos Abrolhos
Jataí
Itumbiara
Canoeiros
Diamantina
Nanuque
UBERLÂNDIA
GOVERNADOR VALADARES
Minas Gerais
R. Grande
UBERABA
BELO HORIZONTE
Sabará
Santa Bárbara
Ouro Preto
Espírito Santo
SÃO JOSÉ DO RIO PRETO
Barretos
Congonhas
Mariana
2890
VITÓRIA
Panorama
São Paulo
RIBEIRÃO PRETO
Tiradentes
JUIZ DE FORA
CAMPOS
BARRA MANSA
Rio de Janeiro
PETRÓPOLIS
Ourinhos
CAMPINAS
Campos do Jordão
Aparecida
Mangaratiba
RIO DE JANEIRO
LONDRINA
Paraty
Baía de Sepetiba
Búzios
SÃO PAULO
JACAREÍ
Ilha Grande
NITERÓI
Paraná
SANTOS
0
300 km

Ausgewählte Orte

Alter do Chão ... E 3
Anapolis ... F 6
Antônio Prado ... F 8
Aparecida ... G 7
Autazes ... D 3

Barretos ... F 6
Belém ... G 2
Belo Horizonte ... G 6
Bento Gonçalves ... F 8
Blumenau ... F 8
Bonito ... E 7
Brasília ... F/G 5
Búzios ... H 7

Cáceres ... E 5/6
Campo de Jordão ... G 7
Caravelhas ... H/I 6
Congonhas ... G 7
Costa do Sauípe ... I 5
Cruzeiro do Sul ... A 4
Cuiabá ... E 5
Curitiba ... F 7/8

Diamantina ... G/H 6

Feijó ... B 4
Florianópolis ... F 8
Fortaleza ... I 3
Foz do Iguaçu ... E 7

Garibaldi ... F 8
Garopaba ... F 8
Genipabu ... I/K 3
Goias Velho ... F 5

Horizontina ... E 8

Ilha Fernando de Noronha ... K 3
Ilha Grande ... G 7
Iranduba ... D 3
Itabuna ... H/I 5
Itacaré ... I 5

João Pessoa ... K 4
Joinville ... F 8

Lençóis ... H 5

Macapá ... F 2
Maceió ... I 4
Manaus ... D 3
Mangaratiba ... G 7
Mariana ... H 6/7
Miranda ... E 6
Morro de São Paulo ... I 5

Natal ... I/K 4
Niterói ... H 7

Olinda ... K 4
Ouro Preto ... G/H 6

Paranaguá ... F/G 8
Paraty ... G 7
Parintins ... E 3
Petrópolis ... H 7
Porto Alegre ... F 8/9
Porto Seguro ... H/I 6
Porto Velho ... C 4

Recife ... I/K 4
Rio Branco ... B 4
Rio de Janeiro ... G/H 7

Sabará ... G/H 6
Salvador da Bahia ... I 5
Santa Bárbara ... H 6
Santarém ... E 3
São Luís ... H 3
São Paulo ... G 7

Teresina ... H 3
Tiradentes ... G 7

Ubatuba ... G 7
Uberaba ... G 6

Varzea Grande ... E 5
Vilhena ... D 5
Vitória da Conquista ... H 5

Xapuri ... B 4

Nationalparks

Araguaia ... F 4
Chapada Diamantina ... H 5
Foz do Iguaçu ... E 7
Jaú ... C/D 2/3
Lençóis Maranhenses ... H 3
Marinho dos Abrolhos ... I 6
Pantanal Matogrossense ... E 6
Serra da Capivara ... H 4

UNESCO-Welterbe

Brasília ... F/G 5
Wallfahrtskirche Bom Jesus in Congonhas ... G 7
Regenwald der Costa do Descobrimento ... H 6
Historisches Zentrum von Diamantina ... G/H 6
Nationalpark Foz do Iguaçu ... E 7
Nationalpark Jaú ... C/D 3
Altstadt von Olinda ... K 4
Altstadt von Ouro Preto ... G/H 6
Pantanal-Schutzgebiet ... E 6
Historisches Zentrum von Salvador da Bahia ... I 5
Historisches Zentrum von São Luís ... H 3
São Miguel das Missões: Ruinen der Jesuiten-Missionen ... E 8
Nationalpark Serra da Capivara ... H 4
Südöstliche Atlantische Wälder ... G 7

Afrikanische und barocke Vergangenheit

Salvador da Bahia (2,5 Mio. Einwohner) war die erste Kapitale Brasiliens. Die üppige Architektur des Kolonialbarock verbindet sich attraktiv mit der bis heute lebendigen afrobrasilianischen Kultur.

Traumstrände unterm Corcovado

Rio de Janeiro (6 Mio. Einwohner), beherrscht von den Gipfeln des Corcovado und des Zuckerhuts, gilt als eine der schönsten Städte der Welt. Die Strände Copacabana und Ipanema sind Synonyme für Vitalität und brasilianische Lebensfreude.

Nur mühsam drangen die Kolonialherren in den Regenwald vor: Stich von Maximilian zu Wied-Neuwied von seiner Expedition 1815-1817

INFO-GESCHICHTE

Ein reiches, armes Land

Zucker, Gold, Kaffee machten Brasilien groß, Politiker brachten es an den Rand des Ruins

28 000 bis 10 000 v. Chr. Feuerspuren in den Höhlen von Piauí sind früheste Zeichen menschlichen Lebens. **1494 n. Chr.** Vertrag von Tordesillas – Einigung zwischen Spanien und Portugal über die künftige Aufteilung der Neuen Welt. **1500** Entdeckung Brasiliens durch den portugiesischen Seefahrer Pedro Álvares Cabral. **1520-1650** Zuckerrohranbau, zunehmend mit Sklaven aus Afrika. **1549** Salvador da Bahia wird erste Hauptstadt der portugiesischen Kolonialregierung. **1690** Gold- und Diamantenfunde in Minas Gerais begründen – nach der Phase des Zuckerrohrs – den nächsten großen Wirtschaftsboom Brasiliens. **1763** Rio de Janeiro, begünstigt durch die Lage als Goldexporthafen, löst Salvador da Bahia als Hauptstadt ab. **1805** Mit der Einführung des Kaffeeanbaus beginnt eine weitere wirtschaftliche Blüte. **1822** Der portugiesische Kronprinz Pedro erklärt die Unabhängigkeit Brasiliens vom Mutterland und ruft sich zum Kaiser von Brasilien aus. **1840-1889** Regierungszeit Pedros II., der **1888** die Sklaverei aufhebt. **1889** Sturz Kaiser Pedros II. und Proklamation der Föderativen Republik Brasilien. **1930-1945** und **1951-1954** Autoritäres Regime unter Präsident Getúlio Vargas. **1956-1961** Während der Präsidentschaft von Juscelino Kubitschek forcierte Industrialisierung und Demokratisierung. **1960** Brasília wird neue Hauptstadt. **1964-1985** Militärregime: Verfolgung und Ermordung Oppositioneller, Metallarbeiterstreiks. Ökonomisch erfolgreiche Periode bis **1973** („Brasilianisches Wirtschaftswunder") mit hohen Wachstumsraten. **1985** Erstmals wieder zivile Präsidentschaft. **1988** Neue demokratische Verfassung mit umfassenden Freiheits- und Bürgerrechten, endlich auch unter Einschluss der Indianer. **1990** Erste Direktwahl eines Präsidenten. Staatschef Fernando Collor de Mello wird 1992 wegen Korruption und Volksbetrug in einem Impeachment-Verfahren vom Parlament abgesetzt. **1992** Weltklimakonferenz in Rio de Janeiro. **1994** Mit der Einführung der neuen Währung Real wird die hohe Inflation wirksam bekämpft. **1995** Der „Vater der Währungsreform", der Sozialdemokrat Fernando Henrique Cardoso, wird Präsident. Verstärkte Öffnung zum Weltmarkt, Privatisierungen von Staatsbetrieben und Agrarreformen. **1998** Wiederwahl Cardosos. **2000** 500. Jahrestag der Entdeckung Brasiliens.

■ VORSCHAU SPANIENS NORDEN

Architektur als Pilgerziel: Gehrys Guggenheim-Museum in Bilbao

Rund um Santander: Strände für Entdecker

Fangfrisch und köstlich: Delikatessen des Meeres

- Baskenland: Kunst am Bau, Kunst im Park und Kunst in der Küche
- Kantabrien: Die Höhle von Altamira
- Asturien: Die geheimnisvolle Bergwelt der Picos de Europa
- Galicien: Wilde Küste und Santiago de Compostela
- Jakobsweg: Pilgerfahrt zum Segen
- MERIAN Service-Magazin. Adressen, Reiseinformationen, Internet. Mit großer MERIAN-Karte

Es folgen: Köln, Sardinien, Amsterdam

Zuletzt erschienen:

Dezember 2001

November 2001

Oktober 2001

September 2001

August 2001

Juli 2001